DEJAVU THEORIE

Jörg H. Gleiter ist Architekt und Professor für Architekturtheorie an der Technischen Universität Berlin.
Sara Toussaint ist Fotografin und hat Bildende Künste in Bologna und Hamburg studiert und ihre Fotografie-Ausbildung an der Ostkreuzschule für Fotografie und Gestaltung in Berlin absolviert.

JÖRG H. GLEITER

gleiters universum. architektur

Mit Fotografien von
SARA TOUSSAINT

DEJAVU THEORIE

Die Deutsche Nationalbibliothek verzeichnet diese Publikation in der deutschen Nationalbibliografie; detaillierte bibliografische Daten sind im Internet über http://dnb.d-nb.de abrufbar.

DEJAVU THEORIE, Band 2
Erste Auflage 2023

DEJAVU Gesellschaft für Fotografie und Wahrnehmung e.V.
Methfesselstraße 21
10965 Berlin
www.dejavu-gesellschaft.org
info@dejavu-gesellschaft.org

Herausgeberin der Reihe: Barbara Stauss
Gestaltungskonzept und Satz: Hanna Williamson
Umschlagmotiv: Sara Toussaint
Lektorat und Korrektorat: Susanne Feyke
Druck und Bindung: Druckhaus Köthen

Printed in Germany

ISBN 978-3-9823146-1-7

INHALT

VORWORT

Die Essays in diesem Band sind 2018 bis 2021 in der Rubrik *gleiters universum* der Zeitschrift *Der Architekt* erschienen. Auf unterschiedlichen Bahnen, in unterschiedlichen Abständen und in unterschiedlichen Geschwindigkeiten kreisen sie ellipsenförmig um zwei Gravitationspunkte: Objekt und Idee. Die Themen der Essays bilden dabei ein dichtes Geflecht von Denkbildern, die wie bei einem Planetensystem ein Kraftfeld von Anziehungen und Abstoßungen definieren, aus dem in wechselnden Figuren und immer neuen Konstellationen die Idee der Architektur aufscheinen kann.

Die Essays vollziehen eine doppelte Denkbewegung zwischen Geschichte und Gegenwart, in der das Neue nicht geschichtslos und das Vergangene nicht veraltet ist. Man kann von wechselseitigen Infizierungen sprechen. Dabei steht das Neue nie außerhalb der Geschichte. Im Gegenteil, es trägt das Neue die zukünftige Tradition in sich, wie umgekehrt das Vergangene keimhaft das Neue in sich enthält. Die Geschichte liegt in der Zukunft, sie liegt vor und hinter uns.

Die Essays werden in der ursprünglichen Reihenfolge präsentiert, ergänzt um die suggestiven Fotografien von Sara Toussaint. Jede Fotografie erzählt eine eigene

Geschichte und entfaltet eine eigene Präsenz mit einer eigenen Zeit- und Raumdimension. Zusammen eröffnen sie neuartige utopische Reiche der Sinne. Mit den wechselnden Perspektiven und Maßstäben, mit der Enge und Weite wie auch den Tiefen und Höhen sind sie durch und durch architektonisch.

Es bleibt dabei: Das Auffassen des Wirklichen vollzieht sich in der Verschränkung der Sinne mit dem Denken, in der Überlagerung von Bild und Raum und in der Durchdringung von Perzeption und Apperzeption. Kaleidoskopisch entsteht die Welt, kaleidoskopisch vergeht sie.

Im Mai 2023 *Jörg H. Gleiter*

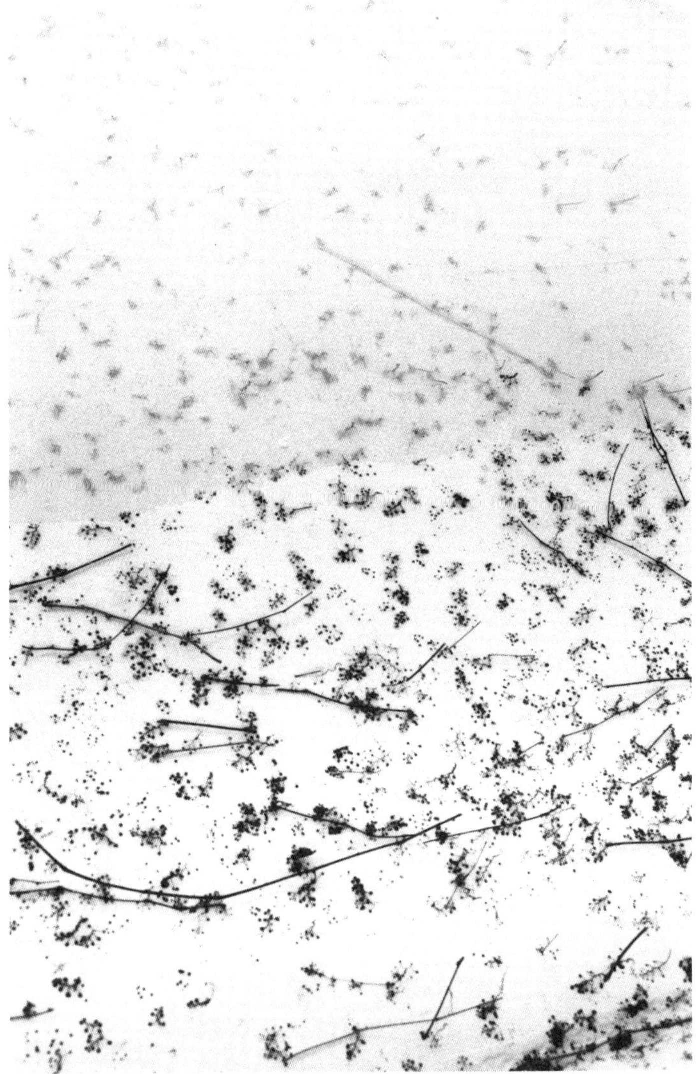

ORNAMENT

Die Moderne, so sagt man, habe das Ornament abgeschafft. Man spricht von der Liquidierung des Ornaments und von der Ornamentlosigkeit als Indikator für Modernität. Die Frage ist aber, ob man damit der Moderne, der Architektur und dem Ornament gerecht wird? Und überhaupt, was sind Ornamente, wie sind sie definiert, woher kommen sie, wie wirken sie? Ornamente in der Architektur sind weniger rätselhaft, als das gemeinhin angenommen wird. Sie sind keineswegs das Resultat einer überbordenden Fantasie des Architekten oder Handwerkers. Sie haben dagegen ihre Grundlage in der konstruktiven, konzeptuellen und kulturellen Logik der Architektur, auch wenn dieser Bezug zuweilen ausgedünnt und fadenscheinig sein mag. Aber gerade diese Fadenscheinigkeit ist interessant, über sie lässt sich das Ornament in der Architektur erschließen.

LOGIK Für die Frage nach dem Ornament gilt es, erst einmal auf Marcus Vitruvius Pollio (80/70-15 v.Chr.), auch Vitruv genannt, zurückzugehen. Er ist der Autor von *Zehn Bücher über Architektur* oder *De architectura libri decem*, der einzigen umfassenden

Schrift der Antike zur Architektur, die überliefert ist. Dort beschreibt er, wie das architektonische Ornament aus dem Übergang des antiken Tempels von der Holz- zur Steinkonstruktion entstanden ist. In den Tempeln aus Holz war die Konstruktion der Gebäude nach außen weitgehend sichtbar, wodurch sich das Gebäude in seiner Konstruktion und Konzeption zeigte und dem Betrachter erklärte. Das änderte sich mit dem Übergang zu Stein.

Der Tempel in Stein stand in Gefahr, eine abstrakte Figur zu werden, weil durch die opaken, steinernen Fassaden das Gebäude sich der Lesbarkeit seiner inneren Logik entzog, weil es nicht mehr mitteilte, wie es gemacht und konzipiert war. Das betraf besonders die Konstruktionen von Decke und Dach, die weiterhin aus Holz waren, aber um der steinernen Erscheinung des Gebäudes willen nicht mehr nach außen sichtbar sein sollten. Daher haben die Baumeister, so Vitruv, das Ornament erfunden. Von der «zimmermannsmäßigen Ausführung in Holz her haben die Künstler beim Bau von Tempeln in Stein und Marmor deren Anordnungen in Steinmetzarbeit nachgeahmt»[1].

So entstand zum Beispiel das Triglyphen- und Metopenfries. Der Dreischlitz oder die Triglyphe ist ein stilisierter Balkenkopf, der die Position des nicht mehr sichtbaren, hölzernen Deckenbalkens anzeigt. Die Metope dagegen zeigt den Raum zwischen den Balken an. Beide, Triglyphe und Metope, sind also Zeichen für etwas, mit dem sie in einer realen Beziehung stehen – eben Balken und Zwischenraum –, sie sind aber nicht die Sache selbst, sondern nur Platzhalter dafür, eben Ornamente. Ihre Funktion ist, die Konzeption und Konstruktion nach außen sichtbar zu machen. Ähnliches gilt für die anderen Ornamente wie der Zahnschnitt und die Mutuli, in denen die verschiedenen Bretterlagen der Dachkonstruktion zeichenhaft-ornamental in Stein nachgebildet sind.

POETIK Es gibt aber auch Ornamente, die mehr von der Konzeption des Gebäudes als von der Konstruktion erzählen, also weniger davon wie das Gebäude gemacht, sondern wie es gedacht oder konzipiert ist. Säulen, bestehend aus Kapitell, Säulenschaft, Basis, Kanneluren und Entasis, sind solche Ornamente, besonders die Entasis oder die leichte Schwellung der Säule in ihrer Mitte. Durch die Verdickung wirkt die Säule leicht gestaucht. Als ob sie unter der Last des Gebäudes etwas zusammengedrückt würde, aber dennoch der Last standhalte. So wird das statische Prinzip von Kraft und Gegenkraft verbildlicht. Mit der Entasis wird nachvollziehbar, wie der Stein der Kraft von oben eine gleich große Gegenkraft quasi von unten entgegensetzt. Beide sind im Gleichgewicht, wäre es anders, würde das Gebäude einstürzen.

Ähnliches gilt für die Volute des ionischen Kapitells. Die spiral- oder schneckenförmige Figur markiert den neuralgischen Punkt, an dem die Horizontalkräfte des Gebälks in die Vertikale der Säule umgelenkt werden. Auf andere Art, aber mit derselben Intention, macht dies auch die Akanthuspflanze des korinthischen Kapitells. Ihre eleganten und zerbrechlich wirkenden Stängel, auf denen das Gebälk oder der Architrav fast schwerelos aufzuliegen scheint, setzen das labile Gleichgewicht, das am Punkt der Umlenkung der Kräfte herrscht, in ein suggestives Bild um. Sie überführen die statische Spannung in eine poetische Figur.

Mittels Ornamente kann die Architektur Bezug nehmen auf Dinge, die nicht sichtbar sind. Als Zeichen unterliegen sie dabei keinen konstruktiven Regeln, sondern allein den Regeln der Wahrnehmung. Sie können daher beliebig variiert werden und durch unterschiedliche Gestaltung auch weitergehende Bedeutungen annehmen. Durch Ornamente kann so die Bedeutung eines Gebäudes mit geheimnisvollen und poetischen Zeichenverweisen erweitert werden, wie zum Beispiel beim korinthischen Kapitell, das manchmal zusätzlich zu den Pflanzenmotiven kunstvoll mit Fabelwesen besetzt sein kann.

BINDUNGSLOSIGKEIT Ornamente sind also Elemente der Sprache der Architektur, die zumindest zwei Erzählungen miteinander verbinden. Einerseits leiten sie sich aus der Konzeption und Konstruktion des Gebäudes ab, auf die sie verweisen, andererseits können sie durch die besondere Bearbeitungsweise kulturelle Bedeutungen aufnehmen, die von außerhalb der Architektur kommen. Der Architekt Gottfried Semper (1803–1879) sprach daher von den zwei Seiten des Ornaments, der «struktiv-technischen» und der «struktiv-symbolischen»[2] Seite. Man kann auch von der doppelten Polung des Ornaments sprechen. Um einen heute gängigen Begriff zu benutzen, ist das Ornament so viel wie ein Interface, also eine Schnittstelle zwischen der konzeptuell-konstruktiven Logik und der kulturellen Logik der Architektur.

Dieses Verhältnis ist aber nicht symmetrisch. Denn je stärker die kulturelle Konnotation des Ornaments auf der struktiv-symbolischen Seite ist, umso schwächer wird die Bindung des Ornaments auf der struktiv-technischen Seite. Man kann sogar sagen, dass die Lockerung der Bindung an die konzeptuelle Logik geradezu Voraussetzung ist für die Öffnung des Ornaments für die kulturelle Logik. So wie das bei den Metopen im Parthenon-Tempel auf der Athener Akropolis - den berühmten wie umstrittenen Elgin Marbles - der Fall ist. Die Metopen, die ursprünglich als leere Fläche den Raum zwischen den Deckenbalken bezeichnen, sind dort mit kunstvollen Reliefs besetzt, die die mythische Geschichte des Kampfes der Lapithen mit den Kentauren, den Pferdmenschen, erzählen.

Es kann aber auch die Bindung an die struktiv-technische Seite so fadenscheinig werden, dass der Bezug des Ornaments zur Konstruktion nicht mehr nachvollziehbar ist und so die Verbindung zur inneren Logik des Gebäudes gänzlich abbricht. So werden aus den Ornamenten freie Bedeutungsträger. In der Postmoderne sprach man von frei flottierenden Signifikanten oder *floating signifiers.* Aber ähnliche Phänomene sind auch aus der Geschichte bekannt, man spricht dann von Manierismus. Man kennt das von den verschlungenen und über die Oberflächen wuchernden Ornamenten im Barock, Rokoko oder Jugendstil.

...

Gegen diese von der Logik des Gebäudes losgelösten, manierierten oder auch degenerierten Ornamente wandten sich die Protagonisten der modernen Architektur. Sie lehnten deswegen aber das Ornament nicht als solches ab. Wie hätten sie auch! Im Gegenteil, unter den veränderten materiellen, technischen und sozialen Bedingungen der Moderne suchten sie nach Erneuerung der Sprache der Architektur durch Bezug auf die neue Konzeption und die neuen Konstruktionsformen der Architektur, jetzt nicht mehr im Übergang von Holz zu Stein, sondern im Übergang von Stein zu Stahl, Stahlbeton und Glas. Die Protagonisten der modernen Architektur wandten sich gegen die Benutzung der klassischen Ornamente, wo diese für eine andere Konzeption und andere Konstruktionsformen der Architektur standen, die nicht die der Moderne waren. Mit der Ablehnung der klassischen Ornamente verband sich unmittelbar die Hoffnung auf Entwicklung von neuen Ornamenten und einer neuen Sprache, die aus den Bedingungen der modernen Architektur resultieren sollte.

1 Vitruv, *Zehn Bücher über Architektur*, übers. v. Curt Fensterbusch, Darmstadt: Wissenschaftliche Buchgesellschaft 2013, 4. Buch, 2. Kap.

2 Gottfried Semper, *Der Stil in den technischen und tektonischen Künsten, oder Praktische Aesthetik*, Bd. 1, Frankfurt/M.: Verlag für Kunst und Wissenschaft 1860, S. 220.

AFFORDANZ

Affordanz gehört bislang nicht zu den Grundbegriffen der Architekturtheorie. Es gibt aber gute Gründe, dieses zu überdenken. Der Begriff kommt ursprünglich aus der Gestalttheorie und Wahrnehmungspsychologie. James J. Gibson[1] (1904-1979) hat ihn geprägt und damit beschrieben, was mit großer Selbstverständlichkeit zum täglichen Umgang mit der Architektur gehört: der Aufforderungscharakter der Dinge. Dass wir die Dinge nicht einfach gebrauchen, sondern dass, bevor wir sie gebrauchen, diese uns auffordern, etwas mit ihnen und damit mit uns zu tun.

AUFFORDERUNG Es ist keineswegs banal, aber die grundlegende Beziehung zu den Dingen besteht darin, dass sie uns ständig ansprechen und auffordern, etwas mit ihnen zu tun. Fordert uns nicht etwa die Tasse auf, sie am Henkel anzufassen, damit wir sie anheben und zum Mund führen können, oder die Türklinke, sie herunterzudrücken, damit sich die Tür öffnet und wir durch sie hindurch von einer Seite der Wand auf die andere Seite gehen können? Die Treppe fordert uns auf, auf ihr hinauf- oder hinabzuschreiten, der Stuhl, uns auf ihn zu setzen, und der Tisch, Dinge wie Teller, Bücher,

Bleistifte oder Computer auf ihm abzustellen und eben nicht daneben.

Einwände könnten geltend gemacht werden, ob man nicht einfach, wie gehabt, von der Funktion der Dinge sprechen sollte. Geht es denn nicht um die Funktion der Treppe, der Tür oder des Tisches? Mit dem Funktionsbegriff bliebe aber eine Sache im Dunkeln: Dass der Gebrauch eines Dings etwas ist, das zwischen dem Ding und dem Benutzer ausgehandelt werden muss. Der Gebrauch muss vom Ding her dem Benutzer erst suggeriert werden, und es muss von diesem wiederum die Möglichkeit für eine Tätigkeit erkannt werden. Dafür gibt es auf der Seite des Dings Hinweise, Zeichen, Signale oder Anreize. Es gibt eine aktive Wirkungsrichtung vom Ding zum Betrachter.

Im Alltag fällt das in der Regel nicht auf. Unser Verhältnis den Dingen gegenüber ist automatisiert und von Routine geprägt, sodass wir nicht lange nachdenken müssen, wenn wir eine Tür öffnen wollen. Das erleichtert das tägliche Leben. Dazu gehört aber auch, dass es Dinge gibt, die im ersten Moment nichts sagen, die uns nicht auffordern und noch weniger herausfordern. Wie zum Beispiel ein Stein im Straßenpflaster. Dessen Affordanz ist gering. In bestimmten Situationen aber könnte er uns auffordern, ihn locker zu machen, ihn aus dem Verbund mit den anderen Steinen herauszulösen und ihn als Wurfgeschoss zu verwenden.

FIGUR UND GRUND Voraussetzung für die Affordanz ist, dass die Dinge – neben Materialität und Oberfläche – eine prägnante Form haben, damit sie als etwas, das man gebrauchen kann, erkannt werden können. Dem liegt in der Regel ein Typ oder Modell zugrunde. Tische, Stühle, Automobile oder Kaffeemaschinen folgen einem spezifischen Modell. Dinge, die keinem bekannten Modell folgen, weil sie vielleicht ganz neu sind, wie zum Beispiel vor einigen Jahrzehnten Laptop-Computer, irritieren dagegen am Anfang, man weiß sie nicht einzuordnen, man weiß nicht, zu was sie einen auffordern.

Dem Erkennen liegen, wie die Gestalttheorie formuliert, Gesetze der Wahrnehmung zugrunde, zum Beispiel das Prinzip von Figur und Grund. Dies sagt, dass man eine Figur immer nur vor einem Hintergrund erkennen kann, was heißt, dass, wenn man eine Figur erkennt, alles andere drum herum zum Grund wird. Von diesem setzt sich die Figur ab und wird so erst erkennbar. Berühmt sind die Vexierbilder, zum Beispiel das, in dem man auf weißem Grund eine schwarze Vase erkennt. Fokussiert man aber auf die weißen Flächen, so kann man zwei sich zugewandte weiße Gesichter erkennen, wobei das, was vorher die schwarze Vase war, jetzt nicht mehr als eine solche Figur erkannt wird, sondern als figurloser, schwarzer Grund.

Vexierbilder heißen sie, weil die verschiedenen Figuren ineinander umschlagen können. Wobei jede Figur zum Grund für das Erkennen der jeweils anderen Figur werden kann. Denn es sagt das Gesetz von Figur und Grund, dass man entweder eine Vase oder zwei Gesichter sieht. Beides auf einmal ist nicht möglich, denn man sieht eine Figur nur dann, wenn alles drum herum zum Grund wird.

PRÄGNANZ, AFFORDANZ, PERFORMANZ Die Wahrnehmung eines Dings ist immer an das Erkennen einer Affordanz geknüpft, etwas mit dem Ding zu tun. Dann liegt es an uns, ob wir der Aufforderung nachkommen und die Hand ausstrecken, um nach der Tasse oder dem Türgriff zu greifen. Wir werden zu einer performativen Handlung aufgefordert, vielleicht auch dazu verführt, wir können diesem Impuls aber auch widerstehen.

Prägnanz, Affordanz und Performanz[2] – das sind die drei Bestandteile der Erfahrung der Umwelt im Allgemeinen, der Architektur und der Dinge im Besonderen: 1. Prägnanz: Wahrnehmen eines Dings anhand der Prägnanz seiner Form; 2. Affordanz: Erkennen der Aufforderung des Dings, etwas mit ihm zu tun; 3. Performanz: Aktiv- und Tätigwerden, indem man der Aufforderung nachkommt.

Man kann also nicht so einfach und unbekümmert von den Funktionen der Dinge oder der Funktion der Architektur sprechen. Unsere Handlungen im Alltag sind nicht allein subjektiv begründet, sondern in den Dingen angelegt. Sie setzen und halten uns in Bewegung. Die Dinge sind nicht passiv und einfach da, sondern verfügen über ein Handlungspotenzial, das in die Zukunft gerichtet ist, mit denen sie über die zeitliche Präsenz ihrer Existenz, die ihnen durch die Materie gesetzt ist, hinauswirken. Damit aber ein Ding dieses Potenzial realisieren kann, bedarf es der Kooperation mit dem Menschen. Wie man mit John Dewey (1859–1952) sagen kann, zeichnen sich die Dinge durch eigene «dynamische Spielarten»[3] aus. In ihnen sind zukünftige Tätigkeiten angelegt, die in ihnen schlummern.

Nach Bruno Latour (1947-2022) sind Dinge immer mehr als materielle Objekte, nämlich «Akteure» oder «Aktanten»[4].

•••

Für den Architekten oder Designer heißt das, dass er von den Dingen auf den Benutzer hin die Gestaltung denken muss, daraufhin, was die Dinge mit dem Benutzer tun, wenn sie ihn auffordern, mit ihnen etwas zu tun. Dabei gilt es sich einzugestehen, dass die Dinge immer zu unterschiedlichen Handlungen auffordern, nie nur zu einer. Oberfläche, Material, Form, Proportion, Größe, Lage - jede dieser Eigenschaften besitzt ihre eigene Prägnanz, Affordanz und Performanz. Diese können sich gegenseitig überlagern, verstärken, aber auch widersprechen oder zuweilen in ihrer Wirkung neutralisieren. Eines ist aber sicher: Affordanz ist ein zentraler Begriff der Architekturtheorie.

1 James J. Gibson, *Wahrnehmung und Umwelt. Der ökologische Ansatz in der visuellen Wahrnehmung*, übers. v. Gerhard Lücke u. a., München u. a.: Urban & Schwarzenberg 1982.

2 Jörg H. Gleiter, «Präsenz der Zeichen. Vorüberlegungen zu einer phänomenologischen Semiotik der Architektur», in: *Symptom Design. Vom Zeigen und Sich-Zeigen der Dinge*, hrsg. v. Jörg H. Gleiter, Bielefeld: Transcript 2014, S. 148–180.

3 John Dewey, *Kunst als Erfahrung*, übers. v. Christa Velten u. a., Frankfurt/M.: Suhrkamp 1995, S. 49.

4 Bruno Latour, *Das Parlament der Dinge. Für eine politische Ökologie*, übers. v. Gustav Roßler, Frankfurt/M.: Suhrkamp 2010, S. 285.

MONUMENTALITÄT

Monumentalität ist einer der ältesten Begriffe der Architekturtheorie. Der Begriff steht im Zentrum des Konzepts der Baukunst und damit im Zentrum auch deren Veränderung. Heißt das, dass Architektur im Sinne von Baukunst immer monumental, also massiv und groß sein muss? Oder kann auch Kleines monumental sein? Tatsächlich ist die Monumentalität keineswegs an Masse und Größe gebunden. Die Monumentalität des Kleinen ist einer der großen Beiträge der Moderne. Wobei in der Moderne sich weniger das Konzept als ihre Erscheinungsform ändert. Das kann in manchen Gebäuden so weit gehen, dass die Architektur klein und der Mensch monumental wirkt.

MASSE «Das kunstwerk ist revolutionär, das haus konservativ.»[1] Das ist irritierend, umso mehr, als dies Adolf Loos (1870–1933) 1910 auf dem ersten Höhepunkt der Debatten um die Moderne und die Neukonzeption der Baukunst formuliert hat. Dass das Haus konservativ ist, heißt aber nicht, dass es sich nicht ändert, sondern dass es in einer Traditions- und Entwicklungslinie steht, die wie alles über die Zeit hinweg der Wandlung ihres Konzepts unterliegt. Loos bekräftigte damit, dass auch das moderne, weiß verputzte, ornamentlose Wohnhaus wie Haus Steiner (1910) oder Haus Scheu (1912) in der Tradition der Monumentalbaukunst steht - trotz allem, vielleicht gerade weil diese Häuser klein, ornamentlos und weiß waren.

Dagegen wurden die Gebäude aus Glas und Stahl, die erstmals mit den Glaspalästen der Weltausstellungen um die Mitte des 19. Jahrhunderts entstanden sind, als ein direkter Angriff auf die Monumentalbaukunst wahrgenommen. Deswegen sah sich der Architekt Gottfried Semper (1803–1879) dazu veranlasst, die Architektur wieder auf ihre grundlegenden Eigenschaften zurückzuführen und diese klar zu benennen. Vier Elemente sind es: Masse, Dauerhaftigkeit, Geschichtlichkeit und mystische Stimmung. Wobei die mystische Stimmung das einzige Element ist, das sich auf den Innenraum bezieht.

Es zeichnet die vier Elemente aus, dass sie auf starke und erhabene Wirkung der Architektur abzielten. Die Monumentalbaukunst ist daher ganz eng verschränkt mit dem ästhetischen Konzept des Erhabenen. Mit dem Erhabenen, so das allgemeine Verständnis, wird die Architektur über ihre materielle Präsenz hinaus zu einem erweiterten Denk- und Erfahrungsraum. Es ist paradox, aber es gehörte lange zur Konzeption der Architektur, dass erst große, schwere Massen die Architektur für geistige Inhalte öffneten.

ERHABENHEIT Die Erfahrung des Erhabenen wird nach Immanuel Kant (1724–1804) von Ereignissen ausgelöst, die «über alle Vergleichung groß»[2] sind und daher, weil eben *zu* groß, vom menschlichen Verstand nicht mehr erfasst werden können. Auslöser für das Erhabene können Naturereignisse sein wie der unendliche Sternenhimmel, die stürmische See oder Blitz und Donner. Das Unerklärliche wird als bedrohend erfahren, es löst im ersten Moment, wie Kant sagt, ein Gefühl der «Unlust» aus, wodurch die menschliche Einbildungskraft, das heißt das Begehrungs- und Erkenntnisvermögen, angeregt wird.

Dahinter steht die Erkenntnis, dass vom Unerklärlichen eine den Intellekt dynamisierende Kraft ausgeht. Was ihn ängstigt, weil er es nicht beherrschen kann, für das versucht der Mensch im freien Spiel der Einbildungskraft eine Erklärung zu finden. Das Unheimliche fordert die Neugierde heraus. Der Mensch will die Gründe dafür finden, weshalb etwas so ist, wie es ist. So entstand auch die Welt der griechischen Mythologie. Das Unverständliche der Natur wurde dadurch erklärbar gemacht, dass man darin Götter wirken glaubte, die menschenähnliche Eigenschaften haben, was half, die Erscheinungen wie Sturm, Sintflut oder Dürre, wo sie direkt auf die Launen von menschenähnlichen Göttern zurückgeführt werden konnten, erklärbar zu machen.

Der Mensch sucht in den Ereignissen ein rationales Muster, so fiktiv dies auch sein mag. Er schiebt ihnen eine Erklärung unter. Kant nannte dieses Verfahren «Subreption»[3]. Indem er auf diese Weise die Dinge erklärbar zu machen und dahinter rationale Verfahren zu erkennen glaubt, erhebt der Mensch sich gleichsam, der Idee nach, über das unheimliche Ereignis. Es entsteht ein Gefühl, über die Naturereignisse erhaben zu sein. Es schlägt der anfängliche Schrecken, die Unlust, in lustvolle Bestätigung der eigenen Fähigkeiten um.

GESCHICHTLICHKEIT UND STIMMUNG Aber es gilt Einschränkungen zu machen. Denn nach Kant können nur Ereignisse der Natur die Erfahrung des Erhabenen erzeugen. Nicht aber die Architektur. Da sie ein von Menschen gemachtes Artefakt sind, stehen Gebäude, auch wo sie wie die Pyramiden «beinahe zu groß»[4] sind, wie Kant sagt, immer innerhalb der menschlichen Rationalität. Allein von der Größe der Architektur, das heißt von Masse und Dauerhaftigkeit, kann daher keine Erfahrung des Erhabenen ausgehen. Es kommen damit die anderen zwei Elemente der Monumentalbaukunst - Geschichtlichkeit und mystische Stimmung - in den Fokus.

Es mag befremden, aber gerade sie sind Auslöser der Erfahrung des Erhabenen und nicht Masse und Dauerhaftigkeit. Geschichtlichkeit und mystische Stimmung waren immer eine Funktion des Stils, nämlich mittels Ornamenten Bezug zu nehmen auf das Älteste und Vorvergangene, also auf Zeiten und Ereignisse, die weit zurück in der Geschichte liegen, und deren Anfänge sich im mythischen Dunkel der menschlichen Vorgeschichte verlieren. Die Schwierigkeit, die Anfänge zu denken, erzeugt Schwindel. Durch Mythenbildung oder Religion macht sich dann der Mensch die dunklen, unheimlichen Anfänge erklärbar.

Bis ins 20. Jahrhundert war es die Architektur, mehr als alle anderen Künste, der es mittels der Stile gelang, die jeweiligen Gegenwarten in eine imaginäre Beziehung mit den mythischen Ursprüngen zu setzen. Da sind die klassischen Elemente wie Säule, Kapitell, Triglyphe und Metope, Architrav und Tympanon, mit denen die klassizistischen Monumentalbauten eine

Verbindung in die weit zurückliegenden Anfänge, in die Antike, herstellten. Eindrücklich zeigt sich das im weißen Klassizismus des Kapitols in Washington, D.C. Mit dem Klassizismus werden die Anfänge der Demokratie beschworen. Mittels Ornamenten kann selbst eine Beziehung zu den frühen Hochkulturen Ägyptens oder Mesopotamiens hergestellt werden oder, wie das der amerikanische Architekt Frank L. Wright (1867–1959) tat, zum sagenhaften Reich der Maya.

•••

Man versteht jetzt, warum sich die Moderne mit der Abschaffung der historischen Ornamente so schwertat: So sinnvoll dies auch war, so war den Architekten bewusst, dass mit den Ornamenten auch die Zeitdimension und damit die Wirkung des Erhabenen wegfallen würde. Lange brauchte es, bis sich in der Moderne eine neue Konzeption der Zeitlichkeit und damit eine neue Konzeption des Erhabenen durchsetzen konnte; durch die Dynamisierung der Formen, durch Abschaffung der Symmetrie, durch Auflösung der Gebäude in einzelne Volumen, die durch gegenseitige Durchdringung eine Dynamik erzeugen, als ob die Architektur von unbekannten Kräften bewegt worden wäre. Exemplarisch führen das die ineinander verschränkten Volumen der Meisterhäuser in Dessau von Walter Gropius vor. Im Sinne des postmodernen Erhabenen knüpfte daran die Dynamisierung der Architektur durch die Dekonstruktion an, mehr mechanistisch wie in Peter Eisenmans Guardiola House (1988), in dem in sich verkantete würfelartige Volumen eine monumentale Kraft entwickeln, oder mehr psychologisch-abgründig wie in Eisenmans *Denkmal für die ermordeten Juden Europas* in Berlin, bei dem 2711 leicht gekippte, schräge Stelen - wie die Betonblöcke genannt werden - den Eindruck eines von einer unsichtbaren und überirdischen Kraft bewegten Trümmerfelds machen.

1 Adolf Loos, «Architektur», in: Ders., *Sämtliche Schriften in zwei Bänden*, Bd. 1, hrsg. v. Franz Glück, Wien u. a.: Herold 1962, S. 315.

2 Immanuel Kant, *Kritik der Urteilskraft*, Frankfurt/M.: Suhrkamp 1996, § 25.

3 Ebd., § 27.

4 Ebd., § 26.

DAS DIAPHANE

Man denkt an die bunten Glasfenster der gotischen Kathedralen wie die Sainte-Chapelle in Paris oder auch die Chapelle Notre-Dame-du-Haut de Ronchamp von Le Corbusier (1887-1965). Es könnte einem auch der bunt leuchtende Innenraum der Kaiser-Wilhelm-Gedächtniskirche von Egon Eiermann (1904-1970) in Berlin in den Sinn kommen und selbst Ludwig Mies van der Rohes (1886-1969) Neue Nationalgalerie. Das Diaphane, das Durchscheinende, ist aber keinesfalls auf bunte Glasfenster und seine Effekte beschränkt. Mit Bezug auf die gotische Kathedrale sprach Hans Jantzen (1881-1967) vom diaphanen Raum. Im Sinne einer im Raum ergossenen Transzendenz steht das Diaphane für die Erscheinung des Göttlichen und Heiligen. Die Kraft des Diaphanen zeigt sich, wo selbst eine säkularisierte Gesellschaft sich dessen Magie nicht entziehen kann. Wo die Architektur allgemein sich im Aufscheinen des Geistigen zeigt, wie dies Mies van der Rohe forderte, ist auch die Moderne über das Diaphane mit dem Heiligen und Göttlichen verbunden.

GEGENSTANDSVERSPRECHEN Das Diaphane steht für die Realität des Imaginären. Im ersten Moment versteht man darunter die Sichtbarmachung des Lichts. Denn das Licht selbst kann man nicht sehen, erfahrbar wird es allein, wo es durch ein Medium gebrochen wird. Man kennt das, wenn in den großen Kathedralen, vielleicht sogar hinter dem Altar, ein Lichtstrahl durch ein Fenster fällt und eine diagonal im Raum schwebende Lichtsäule erzeugt. Das Fenster wirkt wie ein Filter, es bricht sich aber das Licht an den Staubpartikeln in der Luft, wodurch es eine magische Wandlung erfährt und sichtbar wird, bis die Erscheinung so lautlos wieder vergeht, wie sie zuvor aus dem Nichts erschienen war.

Das Diaphane ist Faszinosum und Tremendum zugleich. Faszinosum ist es, wo in der Immaterialität ein Gegenstandsversprechen formuliert wird als Erscheinung des Göttlichen und Heiligen auf Erden. Das Tremendum zeigt sich, wo in der Lichterscheinung der Gegenstand sich gleichsam verhüllt und im Verborgenen bleibt. In diesem Sinne ist das Diaphane Ursache für das Gefühl des Erhabenen, wo in der Verbindung von Faszinosum und Tremendum die Gottesfurcht in höchste Ekstase umschlägt.

Mehr göttliche Präsenz gibt es nicht. Dabei muss man nicht religiös sein, um sich der Aura des Diaphanen hinzugeben. In mehr weltlicher Ausrichtung lässt sich das Diaphane als das im Hindurchscheinen durch ein Medium zur Sichtbarkeit kommende geistige Prinzip beschreiben. Es bleibt dabei, das Diaphane ist das Gestaltlose, das mehr Phänomen und unbegrifflich bleibt. Das Diaphane ist die Repräsentation des Nichtrepräsentierbaren, die Sichtbarmachung dessen, was unsichtbar bleiben muss.

MATERIALITÄT DES IMMATERIELLEN Das Diaphane wird erstmals zum Thema bei Pseudo-Dionysius Areopagita, dem frühchristlichen Mystiker des frühen 6. Jahrhunderts. Bei ihm steht das Diaphane in der Tradition Platons (428/427–348/347 v. Chr.), der mit dem Licht das Höchste, Wahre und Gute und damit das Heilige assoziierte. Und doch bedarf das Diaphane eines konkreten Materials, durch das hindurchscheinend etwas zur Erscheinung kommen kann, aber weniger im Sinne der Substanziierung des Imaginären, als im Sinne dessen Verräumlichung, was aber selbst materiallos bleibt.

Daher kam Jantzen zu einer anderen, einer erweiterten Definition des Diaphanen. Es ist nicht das einzelne Lichtereignis, wie er versucht an der gotischen Kathedrale zu erklären, sondern der Raum, der als diaphan erfahren wird. Er bezieht sich dabei auf die drei- oder gar fünfschiffigen Kathedralen. Die mit großen und kleinen Spitz- und Strebebögen aufgelösten Wände sind es, die dazu führen, dass man einerseits kaum den Raumabschluss wahrnehmen kann, dass man andererseits nicht erkennen kann, woher genau das Licht kommt. «Von der Struktur der Raumgrenzen her wird die Totalität des Raumeindrucks»[1] im Sinne diaphaner Wirkung bestimmt.

Das Diaphane ist hier das Resultat der Auflösung des Raums mittels der Schichtung der mit Spitzbogenmotiven perforierten Wände. Stepan Vaneyan spricht vom Diaphanen als Erscheinung des «Raum[es] des Raumlosen»[2]. Durch die Raumschichtungen der Seitenschiffe ergibt sich eine «diaphane Struktur». Der Effekt des Diaphanen verdichtet sich im Langhaus, es stellt sich ein Effekt der Entstofflichung ein, «die in sich eine Epiphanie (wenn nicht Theophanie) enthält»[3].

KÖSTLICHE EMPFINDUNG Die Transzendierung der Materie mittels des Diaphanen, das war auch das große Thema der französischen Revolutionsarchitekten. «Je fais la lumière» - «Ich mache das Licht»[4] -, so postulierte Étienne-Louis Boullée (1728–1799). Nur der Baukunst sei es gegeben, den «horreur des tènébre» oder den Schrecken der Finsternis empfinden zu lassen, dies aber gleichsam durch die Inszenierung des Lichts in eine «köstliche Empfindung» und «echte Verzauberung»[5] zu sublimieren.

An seinem Entwurf für eine Basilika zeigte Boullée, wie durch die Architektur ein «Bild der Unendlichkeit» gegeben werden kann. «Dem Auge des Betrachters verborgen, irgendwie geheimnisvoll und ausschließlich in die Kuppel gerichtet, bewirkte dieses Licht den strahlendsten und überraschendsten Eindruck.»[6] Ganz im Sinne von Jantzens Idee der Entgrenzung des Raums war es das Höchste für den Architekten, in der Endlichkeit der Architektur die Unendlichkeit der Natur darzustellen und erfahrbar zu machen.

Im Zeitalter der Aufklärung fand mit Boullée ein Wandel der Konzeption des Diaphanen statt von der Erscheinung der Epiphanie oder der göttlichen Allmacht zur Erfahrung der göttlichen Natur in ihrer Allgegenwart. Aber es sind auch hier «die Lichteffekte, die in uns verschiedenartige und gegensätzliche Empfindungen auslösen je nachdem, ob sie strahlend oder düster sind»[7].

•••

Hier knüpfte Le Corbusier in der Moderne mit seiner Konzeption des Diaphanen an. Es sei die Architektur «das kunstvolle, korrekte und großartige Spiel der unter dem Licht versammelten Baukörper»[8]. Ganz in der Tradition Boullées stehend, verband sich für ihn mit dem Licht der Umschlag der «Freude des Geistes» in die höchste «Erregung der Sinne». «Durch ihre Sachlichkeit [rührt die Architektur] unsere stärksten Urinstinkte an und wendet sich gleichzeitig durch ihre Abstraktion an unsere höchsten Fähigkeiten.»[9] Damit stellte Le Corbusier die Moderne in die lange Traditionslinie des Diaphanen in seiner Konzeption als Durchscheinen der Idee oder, wie es bei Mies van der Rohe heißt, des Geistigen in der Architektur.

1 Hans Jantzen, *Über den gotischen Kirchenraum und andere Aufsätze*, Berlin: Gebr. Mann 2000, S. 7.

2 Stepan Vaneyan, «‹Ich komme zum Schluss›: Jantzen und Sedlmayr oder Das Diaphane unter dem Baldachin», in: *Das Diaphane. Architektur und ihre Bildlichkeit*, hrsg. v. Ulrike Kuch, Bielefeld: Transcript 2020, S. 74.

3 Ebd., S. 75.

4 Étienne-Louis Boullée, *Architektur. Abhandlung über die Kunst*, übers. v. Hanna Böck, Zürich u. a.: Artemis 1987, S. 80.

5 Ebd., S. 80.

6 Ebd., S. 83.

7 Ebd., S. 80.

8 Le Corbusier, *1922. Ausblick auf eine Architektur*, hrsg. v. Ulrich Conrads, Basel u. a.: Birkhäuser 2001, S. 43.

9 Ebd., S. 37.

ARCHITEKTURPSYCHOLOGIE

Selten verschaffen wir uns Klarheit darüber, dass die Architektur dem Menschen keineswegs nur Dach über dem Kopf zum Schutz vor Wind, Sonne, Kälte oder Hitze ist. Wenig wissen wir über die andere Seite, dass die Architektur von großer Bedeutung ist für die Entwicklung und Entfaltung der menschlichen Psyche und Emotionalität. Gerade die Emotionalität ist ja nichts, was genetisch determiniert und damit einfach da ist. Sie bildet sich dagegen unter dem Einfluss der Künste, von Musik, Malerei, Literatur und Architektur. Wie die Architektur ist die Emotionalität ein über Jahrhunderte historisch Gewordenes. Sie wird durch die Erfahrung in und mit der Architektur geprägt und verändert sich mit ihr. Besonders der Aufenthalt in architektonischen und städtischen Räumen spielt dabei eine wichtige Rolle.

GEFÜHLSWELTEN Die menschliche Empfindungsfähigkeit spiegelt sich im Wandel der Architektur. Ein wichtiger Schritt war die Erfindung der Perspektive im 15. Jahrhundert. Sie ermöglichte die Sublimierung wie auch Intensivierung der emotionalen Effekte der Architektur. Erst die Perspektive schuf die Möglichkeit, die Wirkungsweise der Architektur kontrollierbar, die

Mittel benennbar und so die Architektur zum Medium psychologischer Intentionalität zu machen. Es versetzte die Formalisierung der Gesetze der Wahrnehmung, die der Entwicklung der Perspektive zugrunde liegen, die Architekten in die Lage, kalkulierte und fein austarierte psychologische Effekte zu erzielen.

Das macht die besondere Wirkung der Renaissancearchitektur und -städte wie Ferrara oder Sabbioneta aus. Das zeigt sich auch im großartigen Gemälde *Ansicht einer Idealstadt* von 1500 von Francesco di Giorgio Martini (1439–1501). Es waren die Gesetze der Perspektive, die es erlaubten, den Städten, den Plätzen und den Straßen eine eigene Stimmung und einen eigenen Ausdruck zu geben, im Unterschied zu den gewachsenen Städten des Mittelalters mit ihren verwinkelten Gassen und Plätzen, die alle irgendwie ähnlich aussehen. Aber gerade deswegen auch die Sehnsucht nach der mittelalterlichen Stadt, weil wir hier zu einem frühen psychologischen Stadium zurückkehren, in dem der emotionale Gehalt der Architektur noch undifferenziert und unsublimiert, dafür umso stärker und unmittelbarer ist.

Die Architektur wirkt tief in die psychische Tiefe und konfiguriert die Gefühlswelt. Dessen werden wir oft erst in besonderen Situationen bewusst, wenn wir eine Straßenunterführung benutzen oder in einer mit Graffiti besprühten S-Bahn sitzen. Die Altstadt von Lüneburg löst anderes aus als die Hochhäuser von Manhattan. Aber was wissen wir schon darüber! Es fehlt eine eigene Terminologie, es sind die Architekten gegenüber den psychologischen Effekten der Architektur sprachlos, wo die Rede darüber nicht über populärwissenschaftliche Begriffe hinauskommt, womit gerade das Spezifische der Psychologie der Architektur aus dem Auge gerät. Es erstaunt, dass es immer wieder Ansätze dafür gab, dass sich aber die Architekturpsychologie nicht etablieren und ihre eigenen Methoden entwickeln konnte, während die Musikpsychologie, Kunstpsychologie und Umweltpsychologie gut eingeführt sind.

ÜBERSCHÜSSIGKEITEN Die Psychologie war aber immer wieder Thema der Architektur. Adolf Loos (1870–1933) ist an erster Stelle zu nennen. Seine Architektur- und Ornamenttheorie gründet in einem psychologischen Verständnis der Architektur und ihrer Wirkungen, ganz konkret in der Psychoanalyse Sigmund Freuds. Die Psychoanalyse ermöglichte es, die Ornamenttheorie aus ihrer Beschränkung auf die Ästhetik und Stildebatten herauszulösen und sie zu einer allgemeinen Kulturtheorie zu machen. Triebsublimierung und Triebverdrängung - in ihrer zentralen Stellung in der Psychoanalyse - sind die zwei Motive, ohne die Loos' Architekturtheorie unverstanden bleiben müsste.

Loos war der erste, der das Ornament als Ort der Triebsublimierung benannte. In der ästhetischen Arbeit am Ornament sublimiert der Handwerker seine «Überschüssigkeiten»[1], so Loos in seinem Aufsatz *Ornament und Verbrechen* von 1908. Dabei sind die «Überschüssigkeiten» nur ein anderer Begriff für die Triebe. Die unmittelbarste Form der Triebsublimierung ist das Tattoo, die höchste die Kunst. Die Kunst ist, in Loos' Verständnis, die dem modernen Menschen und seinem ungeheuer komplizierten Seelenleben angemessene Form, steht aber außerhalb der Architektur. Dazwischen das Ornament, das sich von der Haut als Oberfläche emanzipiert und zur gegenständlichen Oberflächentechnik entwickelt hat.

In Loos' Theorie entspricht dann die Forderung nach Ornamentlosigkeit der nach Triebverdrängung, besonders im öffentlichen Raum, das heißt im Raum gesellschaftlicher Sozialisierung, für die nach Freud die Verdrängung der Triebe Voraussetzung ist. Daher soll nach Loos das Wohnhaus nach außen, auf seiner öffentlichen Seite, ornamentlos sein. In seinem Inneren ist es dagegen Ort der Sublimierung und des Auslebens der Triebe, hier dürfen, ja sollen Ornamente eingesetzt werden, wie dies Loos selbst in seinen Entwürfen praktiziert hat.

Nur die großen symbolischen Gebäude der Gesellschaft sollen außen Ornamente haben. Sie repräsentieren ja nicht das Individuum, sondern feiern, im Sinne der Sozialpsychologie, die Gemeinschaft als Ganzes. Sie sind als solche Objekte der Triebsublimierung der Gemeinschaft. Dazu gehören Rathäuser, Opernhäuer oder Theater, auch Monumente und Ladengeschäfte. Die Letzteren haben auch eine öffentliche Funktion, wie das Wiener Schneidergeschäft Goldman & Salatsch, das im gleichnamigen Haus von Loos das Erdgeschoss und Mezzaningeschoss belegt. Der Eingang dazu ist mit nicht tragenden, dorischen Säulen und Ornamenten gestaltet. Die Fassade in den darüberliegenden Geschossen, wo sich die Wohnungen befinden, ist weiß und ornamentlos.

EKSTASE Ansätze für eine Architekturpsychologie finden sich in der Einfühlungstheorie und -psychologie des 19. Jahrhunderts. Sie hatten ihre Vorläufer in der sensualistischen Ästhetik im Frankreich des

18. Jahrhunderts. In *Prolegomena zu einer Psychologie der Architektur* beschrieb Heinrich Wölfflin (1864–1945) 1886 das so: «Wir haben Lasten getragen und erfahren, was Druck und Gegendruck ist, wir sind am Boden zusammengesunken, wenn wir der niederziehenden Schwere des eigenen Körpers keine Kraft mehr entgegensetzen konnten, und darum wissen wir das stolze Glück einer Säule zu schätzen.»[2]

August Schmarsow (1853–1936) sprach 1896 von der «psychologischen Wurzel»[3] der Architektur, die in der dritten Dimension und damit in der Raumerfahrung liege, also nicht in der Oberfläche und damit nicht mehr im Ornament. Hier liegt auch der Ansatz dafür, dass die Einfühlungstheorien um die Jahrhundertwende durch die Raum- und Leibphänomenologie Edmund Husserls abgelöst wurden, um dann auf neuer wissenschaftlicher Ebene als Gestaltpsychologie, als Psychopathologie der Großstadt oder in der Methode des *Psychodramas* zurückzukehren.

In dieser architekturpsychologischen Traditionslinie steht auch Gernot Böhmes (1937–2022) Buch *Atmosphäre*, das 1995 eine intensive phänomenologische Debatte um Atmosphäre und Stimmung ausgelöst hat. Charakteristisch für Böhmes Ansatz ist, dass er mit großem Aufwand die psychologischen Aspekte aus dem philosophischen Diskurs der Atmosphäre ausschloss. Nach Böhme haben die Atmosphären nichts mit inneren Erfahrungen zu tun, sie existieren im Raum zwischen Objekt und Betrachter, sie sind also dem Betrachter äußerlich. Böhme sprach auch von den *Ekstasen*, die von den Dingen ausgehen und vom Betrachter im «eigenleiblichen Spüren»[4] erfahren werden. Wobei er ausschließt, dass das eigenleibliche Spüren und damit die Leiberfahrung auch eine Innenseite hat, also nach innen wirkt und damit eine psychologische Erfahrung ist.

•••

Keine Ekstase, so beiläufig sie auch sein mag, bleibt äußerlich. Gerade aufgrund der leiblichen Erfahrung überlagern sich in der Architektur die Erfahrungsbereiche von Leib und Psyche. Es gilt festzustellen: Es fehlen Modelle dafür, wie Stimmungen und Atmosphären psychologisch im Betrachter wirken und was sie in ihm auslösen. Modelle fehlen, welches die architektonischen Mittel ihrer Erzeugung sind und welches dafür die Voraussetzungen in der Architektur wie auch im Betrachter sind. Es fehlt eine Wissensdisziplin *Architekturpsychologie*, die die Wirkungsweisen, die Wechselwirkungen *und* pragmatischen Aspekte der Transformation der sinnlichen in psychische Potenzen der Architektur untersucht.

1 Heinrich Wölfflin, «Prolegomena zu einer Psychologie der Architektur», in: *Einfühlung und phänomenologische Reduktion. Grundlagentexte zu Architektur, Design und Kunst*, hrsg. v. Thomas Friedrich u. Jörg H. Gleiter, Münster: LIT 2007, S. 73.

2 Adolf Loos, «Ornament und Verbrechen», in: Ders., *Sämtliche Schriften in zwei Bänden*, Bd. 1, hrsg. v. Franz Glück, Wien u. a.: Herold 1962, S. 277.

3 August Schmarsow, «Der Werth der Dimension im menschlichen Raumgebilde», in: *Einfühlung und phänomenologische Reduktion. Grundlagentexte zu Architektur, Design und Kunst*, hrsg. v. Thomas Friedrich u. Jörg H. Gleiter, Münster: LIT 2007, S. 118.

4 Gernot Böhme, *Atmosphäre. Essays zur neuen Ästhetik*, Frankfurt/M.: Suhrkamp 1995, S. 93.

NEUE TYPOLOGIE

Die Frage der Typologie ist zurückgekehrt. Die *sharing culture* oder Kultur des Teilens führt in der Architektur zu einer neuen typologischen Experimentierfreudigkeit, wie man ihresgleichen lange nicht mehr gesehen hat. Die Debatten sind längst über jenen Punkt hinaus, als mit dem Aufkommen der digitalen Produktionsverfahren die Typologie als ein überwundener, moderner Standpunkt stigmatisiert wurde. Die Fantasien über die individuelle Massenfertigung oder *mass customisation* überschlugen sich regelrecht. Es werde die individuelle Massenproduktion die standardisierte Massenproduktion ersetzen. Wie es hieß, würde nichts mehr so bleiben, wie es war. Aber es trat gerade das Gegenteil ein. Ausgelöst durch neue Lebensmodelle, ausgelöst durch die sich verändernden ökologischen und klimatischen Voraussetzungen befinden wir uns heute mitten in einem Prozess typologischer Transformationen, der noch lange nicht sein Ende erreicht hat.

TYPENBILDUNG Es gilt, die Typologie vom Image eines katalogisierten und formelhaften Wissens zu befreien. Unter Typologie versteht man sowohl die Wissenschaft von den Typen, ihren spezifischen Ordnungen,

Nutzungen und Formen wie auch den Prozess der Typenbildung selbst. Mit der beginnenden Industrialisierung rückte die Typenbildung ins Zentrum des architektonischen Interesses. Am Vorbild der maschinellen Massenproduktion entwickelten die Architekten moderne Typenhäuser für die standardisierte, serielle Fertigung.

Aber 1923 beklagte Le Corbusier in seiner Aufsatzsammlung *Vers une architecture*[1], dass im Automobilbau, obwohl nur wenige Jahrzehnte seit der Erfindung des Automobils im Jahr 1886 vergangen seien, die Herausbildung von neuen Typen schon weiter fortgeschritten sei als beim modernen Wohnungsbau. Typen seien «Ausleseprodukte»[2] und Resultat von «Ausleseprozesse[n]»[3] und Zeichen einer hochentwickelten Kultur. Wenn wir unsere Häuser mit den Autos verglichen, dann würde es offensichtlich, «da stimmt es eben nicht mehr, da stimmt überhaupt nichts mehr»[4].

Die Typologie ist ein zutiefst modernes Anliegen, deren Anfänge jedoch nicht, wie allgemein angenommen, im 18. Jahrhundert, das heißt im Zeitalter der Vernunft, liegen, sondern weiter hinter dieses zurückreichen. Die Fokussierung in der Architektur auf Werkbund, Bauhaus und das Neue Frankfurt verschleiert die Tatsache, dass mit der umfassenden Herausbildung einer urbanen Morphologie wie Palazzo, Campanile, Basilika, Loggia, Baptisterium, Arkade, Stadttor, Villa etc. die Typologie ihre Anfänge in der frühen Neuzeit und der Renaissance des 15. Jahrhunderts hat.

Die Typologie ist ebenso sehr ein Projekt des Renaissancehumanismus, wie sie eines der «Typen schaffenden Maschine»[5] ist, wie dies Walter Gropius 1926 formulierte. In *Grundsätze der Bauhausproduktion* begründete er aber die Beschäftigung mit der Typenbildung nicht mit der Maschine, sondern anthropologisch und damit im Gegensatz zu Le Corbusier mit den in der Hauptsache gleichartigen «Lebensbedürfnissen der Mehrzahl der Menschen»[6]. In der Typenbildung erkannte er ein gesellschaftliches Emanzipationspotenzial. Dieses hatte wohl in der Normierung, Standardisierung und Elementierung der Produktion sein Medium, zielte aber auf Demokratisierung durch Angleichung der Wohn- und Lebensverhältnisse.

AUSDIFFERENZIERUNG Es gilt sich aber einzugestehen, dass, wo kein Haus dem anderen gleicht, die Architektur immer schon dem Paradigma der individuellen Massenfertigung folgte, jedoch noch mit handwerklichen Verfahren. Es bedurfte dafür der digitalen Massenfertigung als Impulsgeber nicht. Die Architektur setzte immer auf Vereinheitlichung und Typisierung und dies bei Weitem nicht allein aus Überlegungen der Rationalisierung, sondern aus gestalterischen, soziokulturellen und ökonomischen Motiven heraus.

Die Verengung auf Fragen technischer oder baukonstruktiver Rationalisierung fand erst spät statt. Wie sich an der Herausbildung von Gebäudetypen wie der griechischen Stoa oder dem Tempel, dem Konzert- und Opernhaus oder Fußballstadion zeigen lässt, erfolgte die Typenbildung in der Architektur weniger aus technologischen als vielmehr aus den jeweiligen gesellschaftlichen Grundvoraussetzungen heraus. Die Herausbildung von verschiedenen Typen hat ihre Ursprünge in dem, was die Grundstruktur der Moderne ausmacht, nämlich die Ausdifferenzierung der Kultur.

Mit den weit in die Antike zurückreichenden Bauformen des Megaronhauses, des Peristyltempels oder der Basilika gehört die Typologie zur Grundvoraussetzung für Architektur. Man kann sagen, dass erst durch die Ausdifferenzierung von Typen die Architektur als solche entstand. Wobei die Typologie nicht nur die Form und Organisation von Gebäuden betrifft, sondern ihre Grundlage auch auf der baukonstruktiven Seite im normierten Backstein oder vorgeformten Dachziegel hat. Dazu gehört die Herstellung in Kleinserien von identischen Säulen, die Herstellung normierter Ziegelsteine oder die Wiederverwendung von Schalelementen beim Gewölbebau, später beim Bau mit Stahlbeton.

IDENTITÄTSBILDUNG Die Reduzierung der Typologie auf Industrialisierung, Rationalisierung und Maschinenproduktion ist vom Grundsatz her ein Missverständnis und wird weder der Architektur noch dem Konzept der Moderne gerecht. Gleichwohl gilt, dass Typen nicht erfunden werden, sie sind Resultat von organischen Entwicklungsprozessen, die sich über lange Zeiträume hinweg erstrecken. Als Resultate kultureller Entwicklungsprozesse sind sie gleichsam Spiegel der symbolischen Ordnung einer Gesellschaft. Das gilt ebenso für die venezianische Landvilla im 16. Jahrhundert, mit Andrea Palladio (1508–1580) als ihrem herausragenden Protagonisten, wie es für den Plattenbau oder den modernen Bungalow der zweiten Hälfte des 20. Jahrhunderts gilt.

Wo die Typen unter dem Einfluss spezifischer gesellschaftlicher Konstellationen entstehen, ist die Typologie verbunden mit Fragen der kulturellen Identität.

Typenbildung ist Identitätsbildung, wie sichtbar ist am Schwarzwaldhaus, an der reetgedeckten ostfriesischen Fischerkate, am burgenländischen Vierkanthof oder am venezianischen Palazzo. Dabei sind die Prozesse der Typenbildung immer offen für Variation und Adaption. Es können sich so unter den spezifischen Bedingungen einer Zeit oder einer Region Untervarianten und damit lokale Identitäten herausbilden.

Diese Eigenschaften teilen sich die Typen mit den Ornamenten. Die ersten wirken dabei räumlich, die zweiten flächig. Auch Ornamente sind typisierte Figuren, die einprägsam sind und sich leicht wiederholen lassen. Dabei stehen Ornament und Typ in einem kausalen und reziproken Verhältnis. Das zeigt sich in der engen Verbindung zwischen der Abschaffung der klassischen Ornamente in der Moderne und der gleichzeitigen Forcierung der Typenbildung im Kontext von Sachlichkeit und Konstruktivismus. Die Moderne zeichnet sich durch den Übergang des Fokus vom Flächentyp zum Raumtyp aus.

•••

Über die funktionalen, konstruktiven und materiellen Aspekte hinaus sind die Typen die Grundelemente einer Sprache der Architektur. Dies haben in den 1960er-Jahren Christopher Alexander, Aldo Rossi, Oswald Mathias Ungers oder Giulio Carlo Argan ins Bewusstsein gebracht. Wie die Tropen und Redefiguren in der Rhetorik wird die moderne Architektur mithilfe der Ausdifferenzierung der Typen bedeutungsvoll. Über die verschiedenen Maßstäbe hinweg teilen Typen dabei nicht nur etwas über die Zwecke oder den Gebrauch mit, sondern auch über die Wünsche, Hoffnungen und Illusionen einer Gesellschaft. Mit der Typologie als Prozess der Typenbildung wird die Architektur beredt. Erst dadurch geht sie uns wirklich etwas an.

1 Auf Deutsch erstmals 1926 veröffentlicht, heute: Le Corbusier, *1922. Ausblick auf eine Architektur*, hrsg. v. Ulrich Conrads, Basel u. a.: Birkhäuser 2001.

2 Ebd., S. 112.

3 Ebd., S. 114.

4 Ebd., S. 112.

5 Walter Gropius, «Grundsätze der Bauhausproduktion» [1926], in: *Programme und Manifeste zur Architektur des 20. Jahrhunderts*, hrsg. v. Ulrich Conrads, Braunschweig u. a.: Vieweg & Sohn 1981, S. 90.

6 Ebd., S. 91.

AUTOR

Die Abschaffung des Autors oder «La mort de l'auteur»[1] war die zentrale Forderung einer durch das strukturale Denken geprägten Postmoderne. Gegen die Individualstile der Protagonisten der Moderne gerichtet, verbarg sich dahinter die berechtigte Frage nach der Rolle des Architekten als Autor, die gleichwohl auf einem Missverständnis gründete. Man muss ja nicht gleich den Tod des Autors fordern, wenn man gegen den «prophetisch-elitären und autoritären Gestus der Moderne»[2] ist. Es zeigte sich darin gerade jener Dogmatismus, den die Postmoderne der Moderne zum Vorwurf gemacht hat. Versöhnlicher und näher an dem, was man unter einer architektonischen Idee versteht, ist dagegen die Konzeption des Autors als Medium der Objektivierung subjektiver Erfahrung, der je länger je mehr im Prozess des architektonischen Entwurfs hinter seinem Werk zurücktritt.

IDEE Es mag erstaunen, aber die postmoderne Forderung nach Abschaffung des Autors hat ihre Wurzeln im Humanismus und der dort formulierten Idee der Architektur als objektivierte, dennoch keineswegs neutrale Voraussetzung für das gelingende Leben. Im

Unterschied zu den Kunstwerken existiert das architektonische Werk nicht losgelöst vom Alltag. Es ist ein Teil von ihm. Dessen Wahrnehmung findet, wie Walter Benjamin (1892–1940) formuliert hat, weniger in einem «gespannten Aufmerken als in einem beiläufigen Bemerken»[3] und in der Zerstreuung statt.

Im Sinne des Humanismus ist der Autor in der Architektur Medium der Objektivierung. Das entspricht der Konzeption des Architekten als *demiurgos* oder Weltenbauer, wie sie sich im 15. Jahrhundert in Italien verbreitet hat und über Aufklärung und Moderne bis ins 21. Jahrhundert hineinwirkt. Dafür stehen die großen Architekten wie Filippo Brunelleschi (1377–1446), Claude-Nicolas Ledoux (1736–1806), Karl Friedrich Schinkel (1781–1841) oder Ludwig Mies van der Rohe (1886–1969).

Hinter der Frage nach dem Autor tut sich so die weit größere Frage nach der Idee auf. Immanuel Kant (1724–1804) hat die Idee gleichgesetzt mit «architektonischer Einheit»[4]. Er sprach auch von der Idee als der Beziehung von «einigen obersten und inneren Zwecken»[5]. Die Idee ist also das Objektivierende. Nach Schinkel, dem großen Architekten der ersten Hälfte des 19. Jahrhunderts, ist die Idee so viel wie der «tiefere innere Zusammenhang eines Kunstwerks»[6], was nicht ohne den Autor zu denken ist. Umso mehr stellt sich die Frage, welcher Stellenwert im Prozess der Architektur dem Autor zukommt.

EINBILDUNGSKRAFT Daran schloss Arthur Schopenhauer (1788–1860) an, der ganz allgemein in den Künsten Verfahren der «Objektität des Willens»[7] sah, dass also die Künste jenes Medium sind, durch das die Eigenschaften der Materie zur Sichtbarkeit gebracht werden können. Für den Stein, die Materie, aus der die Architektur entsteht, sind das die Eigenschaften von «Schwere, Kohäsion, Starrheit, Härte»[8]. Schopenhauer sprach auch von den «der rohen Steinmasse inwohnenden Kräfte»[9]. Diese mittels Baukunst zur Wirkung und sinnlichen Anschauung zu bringen, das ist, so Schopenhauer, die Aufgabe des Architekten.

Durch die architektonische Idee von Tragen und Lasten oder Säule und Gebälk wird, so Schopenhauer, der Wille des Steins zum Thema der Architektur. Schwere und Starrheit, die im Steinbruch oder Gebirge nur erahnt werden können, kommen durch die Architektur zur Anschauung. Denn im Steinbruch oder Gebirge will der Stein immer nur zum tiefsten Punkt rollen, wo er dann liegen bleibt, mehr nicht. Erst in der Architektur wird sichtbar, was er kann und was in ihm steckt, dass er die Schwerkraft überwinden und große Lasten tragen kann.

Die architektonische Idee ist daher Aufklärung der Materie und der Dinge über sich und ihr Möglichkeitspotenzial, was Schopenhauer eben als Objektität des Willens bezeichnet hat, was aber nicht nur die Seite der Materie, sondern ebenso die Subjektseite betrifft. Je immaterieller die Künste, umso schwächer ist der Wille der Materie und umso mehr wird die Objektität des Willens des Menschen und Künstlers zum Thema. Unter dem Willen verstand Schopenhauer, mit Blick auf den Menschen, alles das, was den Menschen zum Leben treibt, wozu auch die Triebe wie Furcht, Lust und Hoffnung, Liebe und Eifersucht gehören. Sie sind die Kraft hinter dem menschlichen Handeln. Was sich im Alltag unkontrolliert artikuliert, die Triebe, findet in den Künsten seine Sublimierung.

KREATIVITÄT Je weniger eine Kunstform an Materie gebunden ist, umso mehr kann sie nach Schopenhauer zum Ausdruck des Willens des Menschen werden. Als materiellste aller Künste steht daher die Architektur in der Hierarchie der Künste an unterster Stelle. Aufgrund der materiellen Präsenz des Steins und seiner Beschränkung auf Schwere und Starrheit kann der menschliche Wille dort nur begrenzt zur Vorstellung kommen, dafür umso mehr der des Steins.

Über der Architektur steht kurioserweise die Wasserleitungskunst, also die Kunst der Springbrunnen, weil in ihr spielerisch die Schwerkraft überwunden wird, was nur kurzfristig währt, was aber mit dieser Leichtigkeit der Architektur nicht gelingt. An oberster Stufe der Hierarchie der Künste steht aber die Musik, dazwischen Theater, Malerei, Drama und Poesie. Die Musik ist ja fast materielos, weshalb sie die größte Freiheit zur Objektität und zum Ausdruck des menschlichen Willens bietet.

Mit Kant würde man vom freien Spiel des Erkenntnisvermögens sprechen, das durch die Erfahrung von Kunst, losgelöst von aller Materie, seine Impulse erfährt. Die Objektität zeigt sich hier im interesselosen Wohlgefallen und der Zweckmäßigkeit ohne Zwecke. In der Erfahrung der Kunst wirken Einbildungskraft und Verstand zusammen. Die Subjektivität des Autors und des Betrachters ist Voraussetzung dafür.

Daher die Forderung von Alexander von Humboldt (1769–1859) nach Erziehung der individuellen

Persönlichkeit und «Ausbildung unseres natürlichen und individuellen Charakters»[10]. Dies ist Voraussetzung für die Bildung der menschlichen Gemeinschaft. Es macht nicht nur die Echtheit des Werks, sondern auch seine gesellschaftliche Wirkung aus, dass es durch den Autor hindurchgehen, von ihm quasi tingiert, also gefärbt werden muss.

•••

Nur im Durchgang durch den Architekten können die materiellen, technischen, administrativen und sozialen, aber auch die psychologischen Voraussetzungen zur Idee und zur Objektivierung des Willens konkretisiert werden, die wiederum das Zusammenspiel von Einbildungskraft und Verstand in Bewegung setzen. Hier zeigt sich dann das Problem der digitalen Technologien und Medialisierungsverfahren. Wo es möglich ist, in einer Art Kurzschluss am Autor vorbei die Prozesse zu organisieren, markiert das parametrische Design - besonders *artificial intelligence* und *machine learning* - eine Grenze. Man kann nicht einmal mehr vom Tod des Autors sprechen. Dieser wird einfach übergangen, wo im parametrischen Design die Impulse vor allem von den Algorithmen und damit von der technologischen Seite kommen. Mit der Digitalisierung von Entwurfsprozessen stehen nun wieder das Verhältnis von Einbildungskraft und Verstand und damit die Freiheit des Menschen auf dem Spiel.

1 Roland Barthes, «La Mort de L'Auteur», in: Ders., *Essais Critiques IV*, Paris: Seuil 1984, S. 61–67.

2 Fredric Jameson, «Postmoderne – zur Logik der Kultur im Spätkapitalismus», in: *Postmoderne. Zeichen eines kulturellen Wandels*, hrsg. v. Andreas Huyssen u. a.: Reinbek bei Hamburg: Rowohlt 1986, S. 46.

3 Walter Benjamin, «Das Kunstwerk im Zeitalter seiner technischen Reproduzierbarkeit», in: Ders., *Das Kunstwerk im Zeitalter seiner technischen Reproduzierbarkeit. Drei Studien zur Kunstsoziologie*, Frankfurt/M.: Suhrkamp 1963, S. 41.

4 Immanuel Kant, «Transzendentale Methodenlehre», in: Ders., *Kritik der reinen Vernunft*, Bd. 2, Frankfurt/M.: Suhrkamp 1996, S. 696.

5 Ebd., S. 696.

6 Karl Friedrich Schinkel zitiert nach: Andreas Haus, *Karl Friedrich Schinkel als Künstler. Annäherung und Kommentar*, München u. a.: Deutscher Kunstverlag 2001, S. 69.

7 Arthur Schopenhauer, *Die Welt als Wille und Vorstellung* I, Darmstadt: Wissenschaftliche Buchgesellschaft 1989, S. 304.

8 Ebd., S. 303.

9 Ebd., S. 304.

10 Wilhelm von Humboldt, *Aesthetische Versuche. Erster Theil*, Braunschweig: Vieweg 1799, Kap. XXIX, S. 157.

UM 1995

1995 ist bisher kein Jahr, das in der Architektur besonders in Erscheinung getreten ist. Das gilt es zu überdenken. Sicherlich, die Geschichte nach Jahreszahlen zu strukturieren bleibt fragwürdig, besonders wenn man dies wörtlich nehmen und in ihnen nach dem Sinn der Geschichte suchen wollte. Hin und wieder treten jedoch die Dinge zu Konstellationen zusammen, die im Nachhinein als wegweisend für die spätere Entwicklung erkannt werden. Aus heutiger Perspektive deutet vieles darauf hin, dass 1995 ein solcher Kristallisationspunkt war, von dem aus zurückblickend wie auch vorausblickend die Motivationen und Denkmodelle, aber auch die Zweifel und Irritationen jener Zeit sichtbar werden.

KONSTELLATIONEN Es klingt wenig spektakulär, aber es waren zwei Bücher, in denen sich 1995 das neue Denken der Architektur abzeichnete, und ein drittes Buch, das aus heutiger Sicht beide Ansätze miteinander verknüpfte. Die zwei Bücher sind *Atmosphäre*[1] von Gernot Böhme (1937–2022) und *Studies in Tectonic Culture*[2] von Kenneth Frampton (*1930), das dritte ist die summarische Retrospektive *S,M,L,XL*[3] von Rem Koolhaas (*1944) und Bruce Mau (*1959).

Im Nachhinein vereinigen sich die drei Bücher zu einer Konstellation, aber nicht dadurch, dass sie ein gemeinsames Thema gehabt und dadurch Schlagkraft entwickelt hätten. Wichtiger ist, dass sie nach jahrelanger Vorbereitung in einer Situation der Verunsicherung erschienen sind, als durch den Fall der Berliner Mauer erst die politische Ordnung und wenig später durch die Digitalisierung auch die architektonische Ordnung zu zerbrechen drohte.

Beide, das politische und das technologische Ereignis, erzeugten ein kulturelles Kräftefeld, das alles in Atem hielt, von dem man lange nicht wusste, was es bedeuten und auslösen würde. Diese Situation gab den Büchern ihre Stoßrichtung und Wirkungskraft. Was ursprünglich als kritische Position und Korrektiv zu den bestehenden Diskursen und Praktiken konzipiert war, wurde plötzlich zum Leitbild für die Neuausrichtung der Architektur.

Böhmes Buch *Atmosphäre*, in seiner phänomenologischen Ausrichtung, entstand als Kritik an der postmodernen Semiotisierung der Architektur, das heißt an der Reduzierung der Architektur auf eine Praxis von Zeichen, Metaphern und Bildern. Während Framptons Buch dem Dekonstruktivismus und dessen Angriff auf das Konzept der Tektonik galt, das heißt dessen Angriff auf die konstruktiv-konzeptuelle Einheit der Architektur. Mit der Rückkehr der Rhetorik, der Stilfiguren und der Ornamente galt das Interesse der Postmoderne der Oberfläche der Architektur, während zur gleichen Zeit der Dekonstruktivismus die Unterminierung der Logik verfolgte oder, wie das der Architekt Peter Eisenman (*1932) formuliert hat, die der Metaphysik der Architektur.

EKSTASE Die Bedeutung des Buchs *Atmosphäre* besteht darin, dass Böhme der Intellektualität des postmodernen Architekturdiskurses die sinnenhafte und leibliche Erfahrung entgegenstellte. Böhme machte die Atmosphäre zum Schlüsselbegriff einer neuen Ästhetik. Mit ihr stellte er die phänomenale und materielle Präsenz der Dinge ins Zentrum der architektonischen Erfahrung, im Unterschied zur postmodernen Zeichenhaftigkeit, die die Architektur auf eine Zeichenfunktion und damit auf eine Platzhalterfunktion für zeitlich und räumlich Abwesendes reduzierte.

Atmosphäre kann dagegen nur in der körperlichen Anwesenheit erfahren werden, sie kann angenehm, heimelig, aufgewühlt oder ruhig sein. So schlägt einem beim Öffnen einer Kirchentür eine heilige Atmosphäre, in Museen eine sinnliche Atmosphäre und in Rathäusern eine nüchterne Atmosphäre entgegen. Böhme sensibilisierte die Architekten für das, was die Postmoderne aus dem Auge verloren hatte, nämlich einerseits für die phänomenal-sinnlichen Aspekte der Dinge wie andererseits die leiblich-körperliche Erfahrung.

Die zentrale These Böhmes ist, dass die Atmosphäre immer dazwischen ist, zwischen Objekt und Betrachter. Dabei kommt der Materie eine aktive Rolle zu. Unter Berufung auf Goethes Farbenlehre spricht Böhme von den «Ekstasen des Dings»[4]. Das meint, dass die Dinge alles andere als passiv sind. Es geht von der Wand, ihrer Oberfläche oder Farbigkeit etwas aus, das nur in der Anwesenheit von Ding und Subjekt am selben Ort erfahren werden kann. Das ist die Atmosphäre.

POETIK Mehr als nur ein Zeichen ist die Architektur ein materielles Ding, bestätigte Frampton in *Grundlagen der Architektur. Studien zur Kultur des Tektonischen*, auch wenn die Architektur immer auch Zeichen ist, aber eben nicht in erster Linie. Damit schlug Frampton in dieselbe Kerbe wie Böhme, erweiterte aber die neue Ästhetik von Böhme um ein genuin architektonisches Wirkungsprinzip: die Poetik der Konstruktion. Es ging ihm um das in der Tektonik angelegte «poetische Ausdrucksvermögen»[5].

Interessanterweise trägt nur die englische Ausgabe von Framptons Buch den suggestiven Untertitel *The Poetics of Construction*, während der Untertitel der deutschen Ausgabe nüchtern *Studien zur Kultur des Tektonischen* ankündigt. Als nur szenografisch, bildhaft oder wahlweise abstrakt wäre die Konstruktion, so Frampton, missverstanden. Sie sei eher materiell, taktil und phänomenal. Das Missverständnis liege darin, dass man glaube, dass die Konstruktion immer berechnet sei und daher logisch und rational. Frampton wandte sich so vor allem gegen den Dekonstruktivismus, der mit dem Fragment wiederum das Szenografische und Theatralische der Architektur aufgewertet und einseitig überbewertet hatte.

Alle Konstruktion ist poetisch. Poetisch ist sie durch den Überschuss an Form, der aller Gestaltung innewohnt. Jedes Objekt, jedes Detail kann ja immer auch anders gemacht sein. Das heißt, dass die Materie nicht festgelegt ist auf nur eine Form. Daher benötigt man den Architekten. Daher sitzt auch der poetische Gehalt im Detail, dort im Knoten, in der Fügung der Teile zeigt sich die Poetik der Architektur, dort wird die Geschichte des Konzipiert- und Gemachtwerdens der Architektur erzählt und in sinnliche Erfahrbarkeit überführt.

...

Koolhaas' Buch und Werk steht dagegen für das Kontinuum zwischen Böhmes Ekstase und Framptons Poetik. Es überkreuzen sich in ihm die Konzepte, wodurch die Opposition zwischen dem postmodernen Exzess des ikonischen Zeichens und dem dekonstruktiven Kult des Fragments aufgehoben ist. Koolhaas bewahrte dagegen den Abstand zu beiden. In seinem Werk zeigen sich eine Poetik ohne Tektonik und eine Zeichenhaftigkeit des Materials. Im Falle von Koolhaas' Architektur kann man von einer produktiven Umkehrung der Prinzipien sprechen, im Sinne einer Amalgamierung von Philosophie der Atmosphäre und Ästhetik der Konstruktion.

1 Gernot Böhme, *Atmosphäre. Essays zur neuen Ästhetik*, Frankfurt/M.: Suhrkamp 1995.

2 Kenneth Frampton, *Studies in Tectonic Culture. The Poetics of Construction* [dt.: *Grundlagen der Architektur. Studien zur Kultur des Tektonischen*], Cambridge, Massachusetts: MIT Press 1995.

3 Rem Koolhaas u. Bruce Mau, *S,M,L,XL*, New York: The Monacelli Press 1995.

4 Gernot Böhme, *Atmosphäre*, a. a. O., S. 33.

5 Kenneth Frampton, *Studies in Tectonic Culture*, a. a. O., S. 2.

ARCHITEKTONIK

Nach Martin Heidegger (1889-1976) heißt Bauen, in ontologischer Ausrichtung, so viel wie Orte schaffen, die Wohnen ermöglichen, wobei Wohnen die Art und Weise bezeichnet, «nach der wir Menschen auf der Erde sind»[1]. Wo es in der Architektur um die Frage geht, wie wir auf Erden leben wollen, ist für Heidegger «Bauen und Denken [...] jeweils nach ihrer Art für das Wohnen unumgänglich»[2]. In der Architektur ist demnach das Denken, also Theorie und Philosophie, so unumgänglich wie die praktische Tätigkeit des Bauens selbst. Es war aber, lange vor Heidegger, der Philosoph Immanuel Kant (1724-1804), der in erkenntnistheoretischer Ausrichtung mit dem Begriff *Architektonik* zeigte, wie Philosophie und Theorie auf der einen und die praktische Tätigkeit auf der anderen Seite gegeneinander durchlässig sind.

ZEICHEN Das Verhältnis zwischen Philosophie und Architektur ist angespannt. Das liegt in der Sache. Es ist der Objektcharakter der Architektur und ihre Materialität, die im Weg stehen. Während die Architektur in materiellen Formen und konkreten Dingen gegründet ist, gründet die Philosophie in symbolischen Formen und sprachlichen Zeichen. Im Unterschied zu den materiellen Formen beziehen sich die Zeichen auf Dinge, die sie selbst nicht sind.

Sprachliche Zeichen sind daher so etwas wie Platzhalter. So ist zum Beispiel das Wort Vogel, unabhängig davon ob geschrieben oder gesprochen, ein Zeichen, das auf ein Tier, das fliegen kann, Bezug nimmt, mit dem es selbst aber keine Ähnlichkeit hat. Aufgrund ihrer Materialität ist das bei den Zeichen in der Architektur anders. Das Haus ist immer erst das konkrete Haus, ein Fenster ist das konkrete Fenster in einer Wand, erst in zweiter Linie nehmen sie durch Assoziation auf Abwesendes Bezug, vielleicht auf eine bestimmte Epoche wie die Gotik, auf einen bestimmten Architekten wie Andrea Palladio (1508–1580) oder auf ein bestimmtes Architekturelement wie Le Corbusiers (1887–1965) Bandfenster.

Es zeichnet das architektonische Objekt aus, dass es sich immer erst selbst in seiner formalen und materiellen Präsenz anzeigt, bevor es auf Abwesendes Bezug nimmt. Eine Säule muss sich erst selbst anzeigen, bevor sie auf eine bestimmte Epoche, eine bestimmte Erzählung oder einen bestimmten Stil verweisen kann, zum Beispiel den dorischen oder ionischen Stil oder auf die Erzählung von der Entdeckung des korinthischen Kapitells durch den antiken Architekten Kallimachos. Die Unterschiede zu den sprachlichen Zeichen könnten nicht größer sein.

Die Materialität des architektonischen Objekts ist ein Hindernis für den philosophischen Diskurs. Nach Immanuel Kant (1724–1804) kann daher die Architektur nur losgelöst von ihrer Materialität und ihren

Zwecken zum Thema der Philosophie werden: «In der Baukunst, Gartenkunst, sofern sie schöne Künste sind, ist die Zeichnung das Wesentliche.»[3] Nach Kant kann nur in Zeichnungen, also mittels körperlosen und materiallosen Linien auf Papier, die Architektur Gegenstand des freien Spiels von Einbildungskraft und Vernunft und damit Objekt philosophischer Erkenntnis werden, also zu dem, was «den Geist zu Ideen stimmt»[4].

METAPHERN Die Architektur diente aber der Philosophie schon immer als Metapher und damit als Bild für dasjenige, was sich nicht so einfach auf den Begriff bringen lässt. Für Aristoteles (384-322 v. Chr.) war die Architektur Metapher für planmäßiges Handeln und logisch-konstruktive Tätigkeit. In dieser Tradition stand auch Friedrich Nietzsche (1844-1900), als er vom «Thurmbau der Wissenschaften»[5] sprach und den intellektuellen Menschen als «gewaltiges Baugenie [bezeichnete], dem auf beweglichen Fundamenten und gleichsam auf fließendem Wasser das Aufthürmen eines unendlich complicirten Begriffsdomes gelingt»[6].

Nietzsche war aber auch der Erste, der die Architektur sowohl als Metapher für Konstruktion wie auch Dekonstruktion gebrauchte. Im Gegensatz zum intellektuellen Menschen, dem Philosophen, sei es die Aufgabe des intuitiven Menschen, des Künstlers, immer wieder die «Zwingburgen» der Vernunft in ihrer Abstraktion zu zerreißen und das verhärtete, «ungeheure Gebälk und Bretterwerk der Begriffe»[7] zu zerschlagen und durcheinanderzuwerfen.

In der Vereinigung von intellektuellem und künstlerischem Menschen ist es dann die Aufgabe des

Architekten, durch Zusammenfügen der Fragmente Neues zu schaffen - ironisch «das Fremdeste paarend und das Nächste trennend»[8]. Der Architekt versucht, so Nietzsches Vision für eine neue Architektur, die Welt nach anderen, neuen Regeln «so bunt unregelmässig folgenlos unzusammenhängend, reizvoll und ewig neu zu gestalten, wie es die Welt des Traumes ist»[9].

Auch wenn Nietzsches Begriff der Architektur metaphorisch blieb und er dabei nicht an eine konkrete architektonische Praxis dachte - dafür war er zu sehr Philosoph und auf Begriffe und Sprache fixiert -, so zeigt sich in seiner metaphorischen Verwendung der Architektur dennoch eine konkrete Möglichkeit zur Überwindung des Objektcharakters der Architektur und die Möglichkeit zu ihrer modernen Öffnung für Prozessualität und Zeitlichkeit.

ARCHITEKTONIK Nietzsches Aufsatz *Ueber Wahrheit und Lüge im aussermoralischen Sinne* ist ein Manifest der architektonischen wie auch philosophischen Dekonstruktion avant la lettre. Das erweiterte Verständnis von Philosophie und Architektur im Sinne von Konstruktion und Dekonstruktion gründet dennoch in Kant. In *Kritik der reinen Vernunft* schreibt er: «Ich verstehe unter Architektonik die Kunst der Systeme»[10], das ist die Fähigkeit, einzelne Dinge und Vorstellungen unter einer Idee zusammenzufassen. Architektonik ist, was «aus einem bloßen Aggregat derselben ein System macht»[11].

Wie Kant festhielt, bedeutet «architektonisch» das Gegenteil von «rhapsodistisch»[12]. Wie in der Musik verbindet eine Rhapsodie ohne zwingende Kausalität verschiedene Themen in loser Verknüpfung. In diesem Sinne rhapsodistisch sind dann diejenigen dekonstruktiven Verfahren, die auf zufällige Verbindungen setzen und Fragmente beliebig und ohne System verknüpfen. Das aber war nicht Nietzsches Idee, so weit wäre er als Philosoph nicht gegangen. In seinen eigenen Schriften, Aphorismen und Sentenzen hielt er an der Idee der Architektonik als logisch-konstruktive Tätigkeit fest.

Es ist aber auch klar, dass für Kant die Architektonik weder Philosophie noch Architektur war. Unter Architektonik verstand er allein das Denkmodell, das die konstruktive Verknüpfung einzelner Elemente zu einer Idee ermöglicht. In diesem Sinne ist die Architektonik vergleichbar mit dem System der Grammatik, die für die Generierung von Bedeutung die Regeln vorgibt, aber selbst keine Bedeutung besitzt. Architektonik ist dann die Grundlage, auf der das Bauen zum Wohnen erweitert werden kann, das heißt über die eigentliche Konstruktion hinaus die Schaffung einer den menschlichen Bedürfnissen angemessene Umwelt ermöglicht.

...

Setzt man nun die Architektonik mit dem System der Theorie und die Fragen nach der Angemessenheit mit denen der Philosophie gleich, dann heißt das, dass Architektur aus der Erweiterung der theoretischen um die philosophische Fragestellung entsteht, damit also aus der Kunst der Systeme die Möglichkeit des Wohnens hervortreten kann. In seiner materiellen Präsenz ist dann das architektonische Objekt Resultat der Erweiterung des Bauens zur Architektur und der Theorie zur Philosophie der Architektur.

1 Martin Heidegger, «Bauen. Wohnen. Denken», in: *Mensch und Raum. Das Darmstädter Gespräch 1951*, Braunschweig: Vieweg 1991, S. 90.

2 Ebd., S. 101.

3 Immanuel Kant, *Kritik der Urteilskraft*, Frankfurt/M.: Suhrkamp 1996, § 14, S. 141.

4 Ebd., § 52, S. 264.

5 Friedrich Nietzsche, *Sämtliche Werke. Studienausgabe*, hrsg. v. Giorgio Colli u. Mazzino Montinari, Bd. 1, *Ueber Wahrheit und Lüge im aussermoralischen Sinne*, München: dtv 1999, S. 886.

6 Ebd., S. 882.

7 Ebd., S. 888.

8 Ebd., S. 888.

9 Ebd., S. 887.

10 Immanuel Kant, «Der transzendentalen Methodenlehre drittes Hauptstück. Die Architektur der reinen Vernunft», in: Ders., *Kritik der reinen Vernunft*, Bd. 2, Frankfurt/M.: Suhrkamp 1996, S. 695.

11 Ebd., S. 695.

12 Ebd., S. 697.

METAMORPHOSE

Karl Friedrich Schinkel (1781–1841) war der bedeutendste Architekt des 19. Jahrhunderts. Dennoch ist sein Werk so schwer fassbar wie seine Zeit, die nach ihm auch Schinkelzeit genannt wird. Schwer fassbar ist sie, weil sie uns heute als eine lange Periode des Übergangs erscheint. Reinhart Koselleck (1923–2006) hat dafür den Begriff der Sattelzeit geprägt. Für die Zeit zwischen 1750 und 1850 bezeichnete er damit den langen Übergang von einer feudalen und statischen hin zu einer offenen und modernen Gesellschaft. Der Idee des historischen Übergangs entspricht die der Metamorphose, mit der erst die Transformationsprozesse in der Natur, dann später in Übertragung die Transformationsprozesse in der Kultur beschrieben wurden. Ausgehend von den pflanzenphysiologischen, zoologischen und morphologischen Forschungen von Johann Wolfgang von Goethe (1749–1832) und Alexander von Humboldt (1769–1859) machte Schinkel die Metamorphose zum Leitbegriff von Theorie und Praxis der Architektur.

AUSDRUCK VON IDEEN Schinkel war der überragende Vertreter der zweiten Hälfte der Sattelzeit, für deren erste Hälfte die Revolutionsarchitekten

Claude-Nicolas Ledoux (1736-1806) oder Étienne-Louis Boullée (1728-1799) stehen. In der Schinkelzeit fand die Ablösung vom rationalistischen Klassizismus und der Hinwendung zu Innerlichkeit und Gefühl statt. Dies prägte unter Führung von Schinkel die Entwicklung der Architektur in Preußen nach den Napoleonischen Kriegen. Das erste Bauwerk, in dem sich die neue Konzeption zeigte, ist Schinkels Neue Wache in Berlin.

In Literatur, Musik oder Malerei wird diese Zeit auch als Romantik bezeichnet, dagegen spricht man in der Architektur nicht von Romantik. Das liegt in der Architektur selbst begründet, die als eine in den Alltagspraktiken gründende Kulturtechnik weniger als die Künste der Individualität des Autors verpflichtet ist. Dennoch, die Transformationen in der Kultur zeigen sich auch in der sich ändernden Konzeption der Architektur. Es macht gerade die besondere Stellung Schinkels aus, dass er mit dem Ziel der Überwindung des Zeitalters der Vernunft die Architektur für das «Gefühl» und den «Ausdruck von Ideen» öffnete.

Szenografie und Atmosphäre waren Schinkels Mittel dazu. Mit ihrer rätselhaften Bildunterschrift steht besonders Schinkels Federlithografie *Dom hinter Bäumen* (1810) dafür. So heißt es dort: «Versuch die liebliche sehnsuchtsvolle Wehmuth auszudrücken welche das Herz beim Klange des Gottesdienstes aus der Kirche herschallend erfüllt.» Als Resultierende eines inneren Drangs übertrug Schinkel hier die romantische Idee der Darstellung des Nichtdarstellbaren in die Architektur.

SENTIMENTALISCHE ARCHITEKTUR Was Schinkel mit der Darstellung der «lieblichen sehnsuchtsvollen Wehmuth» meinte, erschließt sich über Friedrich Schillers (1759–1805) Unterscheidung von naiver und sentimentalischer Dichtung. *Sentimentalisch* steht, wie Schiller in *Über naive und sentimentalische Dichtung*[1] ausführte, für den Versuch, das Gefühl und «die verlorengegangene ursprüngliche Natürlichkeit durch Reflexion wiederzugewinnen»[2].

Im Gegensatz zur naiven Dichtung besteht die sentimentalische Dichtung darin, auf einer höheren reflexiven Ebene die Gefühlsinhalte zurückzubringen, die durch Rationalisierung und Verwissenschaftlichung im Zeitalter der Vernunft verloren gegangen sind. Auch Schinkel war sich der Unmöglichkeit einer einfachen Rückkehr zu Gefühl und Sinnlichkeit bewusst. Auch er konnte sich nicht mehr naiv auf die Überlieferung oder das Ursprüngliche beziehen.

Schinkel verfolgte, was man in Anlehnung an Schillers Begriff der sentimentalischen Dichtung eine sentimentalische Architektur nennen kann. Verschmelzung von geschichtlicher Reflexion und Gefühl sind die zwei großen Erwartungen, die das beginnende 19. Jahrhundert an die Architektur stellte. Das zeigt sich eindrucksvoll in Schinkels Römischen Bädern (erbaut ab 1829) in Potsdam, für die er sich, der Italiensehnsucht des späteren Königs Friedrich Wilhelm IV. (1795–1861) folgend, auf das italienische Landhaus bezog.

Schinkel griff aber nicht einfach auf die stilistischen und typologischen Elemente wie Pergola, Spolien, Säulenfragmente und anderes zurück, sondern machte mit dem Ziel, eine besondere Wirkung zu erzielen, die

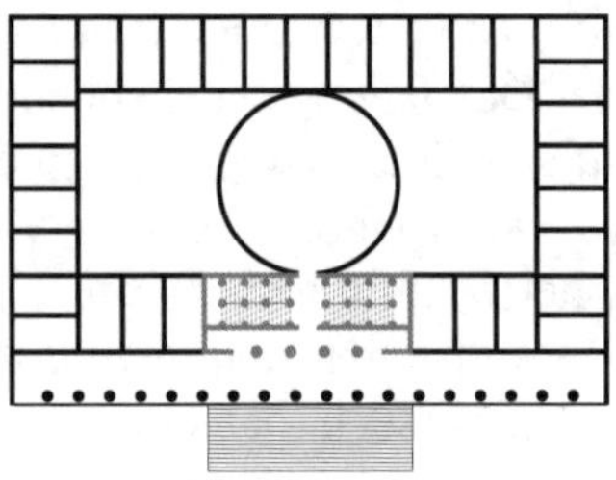

Karl Friedrich Schinkel, Altes Museum, Berlin 1825–1830.

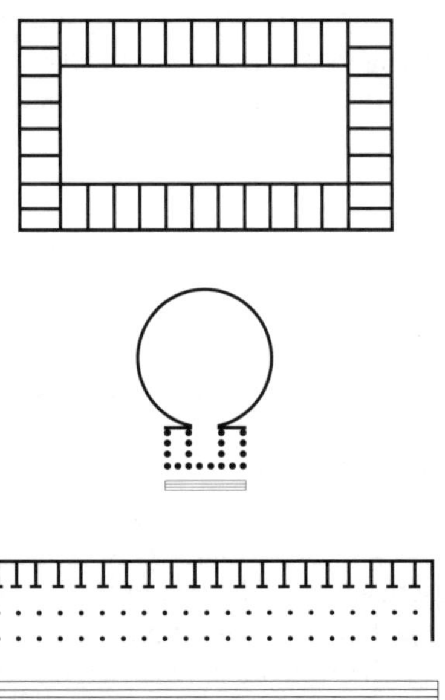

Schematische Darstellung des Palazzotypus, des Pantheons und der Stoa

Metamorphose zum Thema der Gestaltung. In einer der Mauern, die das Grundstück einfrieden, verwendete er unten Bruchsteine, die er in der Mitte in geordnete Steinschichten überführte und diese nach oben fortschreitend in eine verputzte, glatte und metaphysisch abstrakt wirkende Oberfläche transformierte.

METAMORPHOSE In den Römischen Bändern thematisierte Schinkel die Metamorphose noch als Metapher für die Entwicklung von Kultur und Architektur. Im Alten Museum dann wurde sie zum gestalterischen Prinzip. Spektakulär und atemraubend ist dort die Loggia. Wie in keinem anderen Projekt zeigt sich in ihr Schinkels Versuche zur bildhaft-szenografischen Wiedergewinnung von Gefühl und sinnlicher Wirkung.

Zu diesem Zweck führte Schinkel drei klassische Gebäudetypen so zusammen, dass sie sich in der gegenseitigen Durchdringung in ihrer Wirkung verstärkten: Da ist erstens der Renaissancepalazzo, zweitens die ionische Säulenhalle, die dem Palazzo auf der Seite des Lustgartens vorgelagert ist und quasi einen Schwellenraum zwischen Gebäude und Lustgarten bildet. In der zentralen Achse des Gebäudes überlagerte Schinkel dann die zwei Figuren mit einer dritten. Es ist das römische Pantheon.

Das alles wäre noch nicht sonderlich spektakulär, gäbe es da nicht die Vorhalle des Pantheons. Sie befindet sich im Schnittpunkt der drei Figuren, schneidet quasi ins Fleisch des Gebäudes und öffnet eine Stelle für ein neues Element: Eine paarweise doppelläufige Treppe. Sie ist das neue Element, das aus der Überlagerung von Palazzo, Pantheon und Stoa resultiert.

Die Treppe transformiert die Vorhalle zu einer Loggia, wodurch einige Säulen aus der hinteren Wand der Stoa freigestellt werden und die Stoa zu einer doppelten Säulenreihe erweitert wird.

Die Loggia wird zu einem Knotenpunkt, in dem sich alles verdichtet. Entweder geht der Besucher, vom Stadtschloss durch den Lustgarten kommend, in der Achse des Gebäudes unter der Loggia hindurch direkt in die Rotunde, oder er nimmt links oder rechts die Treppen, die ihn auf die obere Ebene der Loggia und damit ins erste Geschoss führen. Jetzt schaut der Betrachter durch die doppelte Säulenreihe der Stoa hindurch zurück über den Lustgarten und die Große Granitschale hinweg auf das Berliner Stadtschloss, auf die große Kuppel oder rechts an ihr vorbei auf Schinkels Friedrichswerdersche Kirche.

•••

Die doppelte Säulenreihe wird zum Filter, der nur in körperlicher Bewegung - im Hin- und Herwiegen des Körpers und des Kopfes - die Sicht zwischen den Säulen auf die Dinge in der Ferne freigibt. Mit der Loggia wandelt sich die Architektur zu einem Sehapparat, durch den die Stadt zum Panorama, zum Bild und zur Bühne wird. Verstärkt wird das dadurch, dass man sich in der Loggia auf halber Höhe der Säulen und damit in ungewohnter Nähe zu den Kapitellen befindet. Ein Verfremdungseffekt stellt sich ein, wo die doppelte Säulenreihe immer nur einzelne, vertikale Bildausschnitte zulässt. Man sieht nie das Ganze, sondern nur fragmentarische Ausschnitte. Das lässt den Betrachter nicht unberührt. Allein durch Inszenierung, nicht natürlich oder naiv, sondern sentimentalisch kommt das Gefühl zurück, es wird die Architektur im Allgemeinen und die Loggia im Besonderen zum Verstärker von sinnlicher Erfahrung.

1 Friedrich Schiller, *Über naive und sentimentalische Dichtung*, Stuttgart: Philipp Reclam jun. 1978.

2 Friedrich Schiller zitiert nach: Werner Busch, *Das sentimentalische Bild. Die Krise der Kunst im 18. Jahrhundert und die Geburt der Moderne*, München: C. H. Beck 1993, S. 7.

EKPHRASIS

Der Begriff Ekphrasis steht für die Übertragung von visueller Erfahrung in Sprache. Sie ist ein Begriff aus der klassischen Rhetorik. Gleichwohl praktizieren wir, ohne uns darüber bewusst zu sein, täglich Ekphrasis, wenn wir von dem berichten, was uns widerfahren ist. Tatsächlich ist Ekphrasis keineswegs auf den visuellen Sinn beschränkt, sondern schließt alle sinnliche Erfahrung ein. Aber selbst diese erweiterte Definition wird der Funktion der Ekphrasis nicht ganz gerecht. Denn Ekphrasis bleibt nicht bei der Sprache stehen, vielmehr ist sie die Übertragung von sinnlichen Erfahrungen in Worte mit der Absicht, die Einbildungskraft des Zuhörers anzuregen und in ihm wiederum sinnliche Vorstellungen, also Bilder und Gefühle, zu erzeugen, die, wie könnte es auch anders sein, mit dem persönlichen Erfahrungsschatz angereichert und intensiviert sind.

ENARGEIA Mit Ekphrasis ist immer mehr gemeint als nur die Beschreibung von sinnlichen Erfahrungen. Denn sie zielt nicht minder auf emotional bewegende Wirkungen. Die klassische Rhetorik spricht hier von Enargeia. Sie ist die zur Ekphrasis komplementäre Redefigur. Beide sind ineinander verschränkt und nicht voneinander zu trennen.

Ohne Enargeia bliebe die Ekphrasis hinter der Komplexität der Architektur zurück. Wo doch gerade die Architektur durch alle Sinne wie Augen-, Geruchs-, Gehör-, Gleichgewichtssinn und Leib erfahren wird. Darauf zielte auch Friedrich Nietzsches (1844–1900) Forderung nach einem «Denken in sichtbaren und fühlbaren Vorgängen»[1]. Jedes Denken ist defizitär, so ließe sich das paraphrasieren, das allein in verhärteten Begriffen und im Abstrakten stehen bliebe.

Umgekehrt ist Ekphrasis auch Voraussetzung für die Gedankenbilder, die wir von Dingen haben, und die nach Immanuel Kant (1724–1804) immer «mehr denken lassen, als man in einem durch Worte bestimmten Begriff ausdrücken kann»[2]. Durch die Begrifflichkeit der Sprache werden die Bilder, also das, was man sieht, zum Ausgangspunkt von Denkbewegungen. Das heißt, dass durch Ekphrasis die Bilder zu Denkbildern werden.

Wie sich jetzt abzeichnet, ist Ekphrasis die zentrale Technik des architektonischen Entwurfsprozesses, durch die mittels Sprache die Bildverfahren von Skizze, Zeichnung und Modell mit der Reflexion darüber in ein Kontinuum gesetzt werden. Damit sind die zwei Seiten beschrieben, die dem Prozess der Kreativität zugrunde liegen. Ekphrasis ermöglicht, den Entwurfsprozess von den unbewussten und automatisierten Praktiken zu befreien und ihn in einen wahrhaft kreativen Akt zu verwandeln. So gesehen ist Ekphrasis Vermittlungsinstanz zwischen den zeichnerischen und den imaginierten, mentalen Bildern. Mit ihr wird Architektur zum intellektuellen wie auch künstlerischen Medium.

IRRITATIONEN Der Prozess der Ekphrasis wird in Peter Eisenmans *Denkmal für die ermordeten Juden Europas* in Berlin sichtbar, besonders wo es sich der eindeutigen Ekphrasis und damit der einfachen Bildübertragung verweigert. Das Mahnmal unterscheidet sich von alltäglichen Architekturerfahrungen dadurch, dass es nicht einfach und konfliktfrei auf den Begriff und in Übereinstimmung mit der bekannten Bilderwelt gebracht werden kann.

Das *Denkmal für die ermordeten Juden Europas* besteht aus 2711 nur in der Höhe sich unterscheidenden Betonblöcken, dem sogenannten Stelenfeld. Die Betonblöcke sind in rechtwinkligem Raster aufgestellt, sodass sich der Besucher in langen Korridoren zwischen ihnen bewegen und wörtlich ins Mahnmal eintauchen kann. Eine besondere Spannung entsteht dadurch, dass die Stelen unterschiedliche Höhen haben und leicht geneigt sind, jede auf eine andere Weise. Dass sich darüber hinaus ebenfalls der Boden wellenförmig senkt und hebt, trägt zu diesem Effekt bei. Das schafft eine dynamische Wirkung, als ob das Stelenfeld von einer großen, unsichtbaren Kraft bewegt würde.

Dennoch verweigert sich das Mahnmal einfachen Bildern und Bildübertragungen. Man kann von einer gewissen Bildlosigkeit oder Abstraktion sprechen, was Grund dafür war, dass das Mahnmal anfänglich nicht unumstritten war, während dies gleichzeitig auch die besondere Qualität darstellte. Bezweifelt wurde nämlich, ob ein Ereignis wie der Holocaust, der durch seine Unmenschlichkeit außerhalb der menschlichen Vorstellungskraft steht, überhaupt architektonisch und damit bildhaft dargestellt oder repräsentiert werden könnte.

Das Mahnmal irritiert, weil es mit den gleichförmigen Stelen, der rasterförmigen Anlage und den canyonartigen Wegen eigentlich formlos ist. Das wird dadurch verstärkt, dass Hinweise auf die Widmung des Stelenfelds fehlen. Dennoch, es bleibt nicht bei der Irritation, denn jedes Unbekannte und begrifflich schwer Fassbare, das nicht auf den Begriff gebracht werden kann, löst im Betrachter nicht nur eine Verstörung und einen Affekt aus, sondern ebenso einen intellektuellen Akt und eine aktive Suche nach durch Sprache vermittelten Analogien. Man versucht, durch Benennung das Unverständliche fassbar und verständlich zu machen.

SCHWACHE EKPHRASIS Die Besonderheit des Mahnmals besteht jetzt darin, dass das Stelenfeld nichts abbildet, dass es sich der einfachen Bildübertragung des Holocausts auf die architektonische Bildebene verweigert. Es stellt im eigentlichen Sinne nichts dar, das irgendwie begrifflich identifiziert werden könnte.

Darin unterscheidet es sich zum Beispiel vom *Mahnmal gegen Krieg und Faschismus* (1988) auf dem heutigen Helmut-Zilk-Platz in Wien oder vom *Mahnmal für die Deportationen* (1988) in der Levetzowstraße in Berlin. Beide bedienen sich einer drastischen Bildsprache von gequälten menschlichen Körpern, die auf mitleidende Einfühlung der Betrachter zielen und so das mahnende Gedenken auf einer überwiegend emotionalen Ebene als Auslöser für Reflexion über die Geschichte thematisieren.

Beim *Denkmal für die ermordeten Juden Europas* lassen sich dagegen nur Bilder assoziieren, die, wenn überhaupt, lose Verbindungen zum Holocaust haben.

Da sind die schrägen Stelen, die an jüdische Friedhöfe und ihre schiefen oder umgestürzten Grabsteine erinnern können; da sind die tief ins Mahnmal einschneidenden Wege, die Assoziationen von tief zerfurchter, ausgetrockneter Erde wecken können; angesichts der rasterförmig aufgestellten Stelen können sich auch Assoziationen zu Naziaufmärschen einstellen; andere Bildübertragungen können ein antikes Ruinenfeld suggerieren oder sogar das Bild eines, wie Eisenman anmerkte, im Wind wogenden Maisfelds.

Das Mahnmal lenkt die Bildassoziationen auf periphere Bilder und Themen und entzieht sich den bekannten Bildformeln des Holocausts. Von den Rändern des Bildgedächtnisses kann sich der Betrachter dann je individuell zum Holocaust vortasten, den eigenen intellektuellen und emotionalen Fähigkeiten gemäß, aber auch mit der Chance, persönliche, familiäre und selbst nationale Traumata in die Reflexion über Völkermord, Vertreibung und gesellschaftliche Ausgrenzung aufzunehmen.

•••

Die Bilder, die sich mit dem *Denkmal für die ermordeten Juden Europas* einstellen, sind nicht zwingend, sie bringen die Thematik nicht auf den Begriff. Die Bildübertragungen scheitern, sie gehen in der Thematik nicht auf. Es ist aber ein produktives Scheitern der Ekphrasis, da es die Reflexion wie auch die Wirkungskraft Enargeia einschließt. Denn jede scheiternde Suche nach Begriffen und Bildern ist ein belebender Akt, insofern jede geistige Bewegung, die nicht zum Abschluss kommen kann, zur Sensibilisierung der Sinne führt. Angesichts der figurlosen Gestalt des Mahnmals bindet die scheiternde Bildübertragung Reflexion und Gefühl, Ekphrasis und Enargeia, in eine enge Beziehung. Dass der Prozess des begreifenden Verstehens offenbleibt, wirkt dem Impuls entgegen, einen Schlussstrich unter die historische Erinnerung an diese dunkle Phase der Geschichte ziehen zu wollen.

1 Friedrich Nietzsche, *Sämtliche Werke. Studienausgabe*, hrsg. v. Giorgio Colli u. Mazzino Montinari, Bd. 8, *Nachgelassene Fragmente 1875-1879*, Aph. 11[18], München: dtv 1999, S. 203.

2 Immanuel Kant, *Kritik der Urteilskraft*, Frankfurt/M.: Suhrkamp 1996, § 49.

UNS SELBST GENUG

Für das Verständnis der Entwicklung der modernen Architektur im 20. Jahrhundert, für das Bauhaus und wie alles anfing, ist es hilfreich, sich die Ausgangslage vor Augen zu führen. 1918 entließ der Krieg ein Heer von traumatisierten Kriegsteilnehmern, Versehrte, Krüppel mit fehlenden Gliedmaßen und zerfetzten Gesichtern, neben einem Haufen von Waisen, Bettlern, Schiebern, Morphinisten, Zynikern, Nihilisten und Anarchisten. Die Liste der Beschädigungen ließe sich beliebig fortsetzen. Das war die Ausgangslage für die Entwicklung der modernen Architektur.

LUMPEN DER BILDUNG Die Moderne beginnt alles andere als heroisch. Der Kampf der Protagonisten der Moderne gegen die Tradition und für das Neue hat so nicht stattgefunden. Es gab 1918 wenig, das noch hätte zerstört werden können. In seiner Brutalität und Unmenschlichkeit hatte der Krieg die Tradition von Humanismus und Aufklärung von Grund auf diskreditiert. Wenig hatte mehr Gültigkeit. Daher konnte Bruno Taut (1880–1938), der sich zur geistigen Erneuerung dem mittelalterlichen Mystizismus von Meister Eckhart zugewandt hatte, 1919 emphatisch proklamieren:

«Europäer! Werft die schmutzigen Lumpen der Bildung von euch, die klebrigen stinkenden Hüllen über eurem Menschen [...] Wie konnten wir uns den Blick nur so trüben lassen! [...] Klassische Säulenwälder hatte man davor errichtet, eine griechisch-römisch-italienische Mauer von Marmorpuppen und Tempelfassaden. Aber sie reißt und soll stürzen.»[1]

Noch 1923 forderte Ludwig Mies van der Rohe (1886–1969) seine Zuhörer auf, die «Blicke über die historischen und ästhetischen Schutthaufen Europas hinweg» auf das Elementare «außerhalb des griechisch-römischen Kulturkreises»[2] zu richten. Alles, was bisher heilig war, galt nicht mehr, es bedurfte keiner mutwilligen Zerstörung durch eine Avantgarde.

Im Roman *Im Westen nichts Neues*, der 1929 und damit gut zehn Jahre nach Ende des Kriegs erschienen war, ließ dann Erich Maria Remarque (1898–1970) seinen Protagonisten, den einfachen Soldaten Bäumer, resigniert feststellen: «Wie sinnlos ist alles, was je geschrieben, getan, gedacht wurde, wenn so etwas möglich ist! Es muß alles gelogen und belanglos sein, wenn die Kultur von Jahrtausenden nicht einmal verhindern konnte, daß diese Ströme von Blut vergossen wurden [...] Unser Wissen vom Leben beschränkt sich auf den Tod.»[3]

ELEMENTAR DENKEN Vor und nach 1918 waren zwei Welten. An was konnte man sich noch orientieren. Das Problem der Moderne war nicht oder nicht mehr in erster Linie, wie in den Jahren vor dem Krieg, Maschine und Maschinenproduktion. Die zentrale Frage war die nach einer grundlegenden Neubegründung der Kultur.

Die Moderne entstand, besonders in ihrer mitteleuropäischen und deutschen Entwicklungslinie, eben nicht aus der Revolution, sondern aus der Überwindung des Traumas des Kriegs. Sie war deswegen nicht weniger radikal.

Stellvertretend formulierte Werner Graeff (1901-1978) es so: «Elementar denken [...] die Elemente jedes Gestaltungsgebietes radikal und unanfechtbar klarstellen.»[4] Im Gegensatz zu Walter Gropius' (1883-1969) Skizze von 1916 gründete auch das Bauhaus 1919 nicht in Kunst und Technik, sondern im Handwerk. In seiner Rede vor den ersten Studenten im Juni 1919 forderte Gropius, «uns in dieser unruhigen Zeit neu zu sammeln und uns erst selbst genug zu werden». Er fuhr dann fort: «Wir befinden uns in einer ungeheuren Katastrophe der Weltgeschichte, in einer Umwandlung des ganzen Lebens und des ganzen inneren Menschen. [...] Viele der Studierenden sind erst aus dem Felde zurückgekommen. Diejenigen, die das Todeserleben draußen erfuhren, sind völlig verändert zurückgekommen [...] Wir müssen die Zeit vor dem Krieg, die völlig anders war, abstreifen.»[5]

Das war wenig heroisch. Dagegen spricht aus Gropius' Sachlichkeit wie auch aus Tauts exaltierter Sprache gleichermaßen das Ringen um einen neuen Glauben, «im Dienste der Gottheit. So wollen wir Bauende einer reineren Kultur sein»[6], wie es bei Taut heißt. Es sind in den Manifesten der Moderne die religiösen Konnotationen nicht überhörbar. Sie sind Glaubensbekenntnisse. Der Bau der Zukunft, wie er von Lyonel Feininger (1871-1956) auf dem Frontispiz des ersten Bauhausmanifests von 1919 als expressionistische

Kathedrale dargestellt worden war, war nicht nur Metapher und architektonisches Programm, sondern nicht minder «kristallenes Sinnbild eines neuen kommenden Glaubens»[7].

LEBENDIGE BEZIEHUNGEN Radikal war das Bauhaus in der Kombination aus Trauma und Hoffnung auf Überwindung daraus. Das zentrale Thema war nicht Bruch mit dem Alten, sondern die Frage, wie sich wohl durch das Dickicht der kulturellen Überformungen hindurch an die Grundwerte der Tradition anknüpfen ließe. Das ging nur mittels des Neuen, im Blick nach vorn, durch den ein neuer Zugang zur Tradition hergestellt werden sollte, zu jener Tradition, zu der der Weg durch die Diskreditierung von Humanismus und Aufklärung durch den Krieg erst einmal verstellt war.

Nur der Zukunft zugewandt konnte an die Vergangenheit angeknüpft werden. Nur vorwärtsorientiert konnte es gelingen, zum Elementaren, Fundamentalen und Prinzipiellen der Architektur in ihrer langen Entwicklung vorzustoßen. In diesem Sinne war die Avantgarde der Moderne der frühen 1920er-Jahre fundamentalistisch *und* traditionsverbunden.

Deswegen war auch eines der Schlüsselwörter der Begriff *Wesen*, im Sinne des «Wesens der Aufgabe»[8] oder wie es bei Gropius in den *Grundsätzen der Bauhausproduktion* heißt: «Ein Ding ist bestimmt durch sein Wesen. Um es so zu gestalten, daß es richtig funktioniert [...] muß sein Wesen zuerst erforscht werden.»[9] Gropius fährt dann fort: «Nur durch dauernde Berührung mit der fortschreitenden Technik, mit der Erfindung neuer Materialien und neuer Konstruktionen gewinnt das gestaltende Individuum die Fähigkeit, die Gegenstände in lebendige Beziehung zur Überlieferung zu bringen und daraus die neue Werkgesinnung zu entwickeln: Entschlossene Bejahung der lebendigen Umwelt der Maschine und Fahrzeuge.»[10]

•••

Die Frage nach dem Wesen der Architektur war immer mehr als nur Verknüpfung von Gegenwart und Vergangenheit. Es hatte sein Pendant in der Suche nach dem «inneren Menschen». Neben wirtschaftlichen, politischen und gestalterischen Gründen schwang immer auch die Hoffnung auf Selbstfindung einer traumatisierten Gesellschaft mit. Man sollte es nicht zu schnell abtun, aber in dieser Phase der Entwicklung der Moderne war die Überwindung des Traumas sowohl die Voraussetzung wie auch der Weg für den Neuanfang. Dafür spricht, dass Gropius das Bauhaus 1919 auf das Handwerk ausgerichtet hat: Handwerk als Therapie. 1923 glaubte er, dass die Traumata überwunden wären. Es fand dann die nicht minder radikale Umstellung des Bauhausprogramms auf *Kunst und Technik - eine neue Einheit* statt.

1 Bruno Taut, *Ex Oriente Lux. Die Wirklichkeit einer Idee*, Berlin: Gebr. Mann 2007, S. 101 f.

2 Ludwig Mies van der Rohe, «Gelöste Aufgabe» [1923], in: Fritz Neumeyer, *Mies van der Rohe. Das kunstlose Wort,* Berlin: Siedler 1986, S. 302.

3 Erich Maria Remarque, *Im Westen nichts Neues*, Berlin: Propyläen 1929, S. 260.

4 Werner Graeff, «Es kommt der neue Ingenieur» [1923], in: *Programme und Manifeste zur Architektur des 20. Jahrhunderts*, hrsg. v. Ulrich Conrads, Braunschweig u. a.: Vieweg & Sohn 1981, S. 67.

5 Walter Gropius, «Rede bei der ersten Ausstellung von Schülerarbeiten des Bauhauses im Juni 1919», in: Karl-Heinz Hüter, *Das Bauhaus in Weimar. Studie zur gesellschaftspolitischen Geschichte einer deutschen Kunstschule*, Berlin: Akademie Verlag 1976, S. 210.

6 Bruno Taut, *Ex Oriente Lux*, a. a. O., S. 114.

7 Walter Gropius, «Programm des staatlichen Bauhauses in Weimar», in: *Programme und Manifeste zur Architektur des 20. Jahrhunderts*, a. a. O., S. 47.

8 Ludwig Mies van der Rohe, «(Bürohaus)» [1923], in: Fritz Neumeyer, *Mies van der Rohe. Das kunstlose Wort*, a. a. O., S. 229.

9 Walter Gropius, «Grundsätze der Bauhausproduktion» [1926], in: *Programme und Manifeste zur Architektur des 20. Jahrhunderts*, a. a. O., S. 90.

10 Ebd., S. 90.

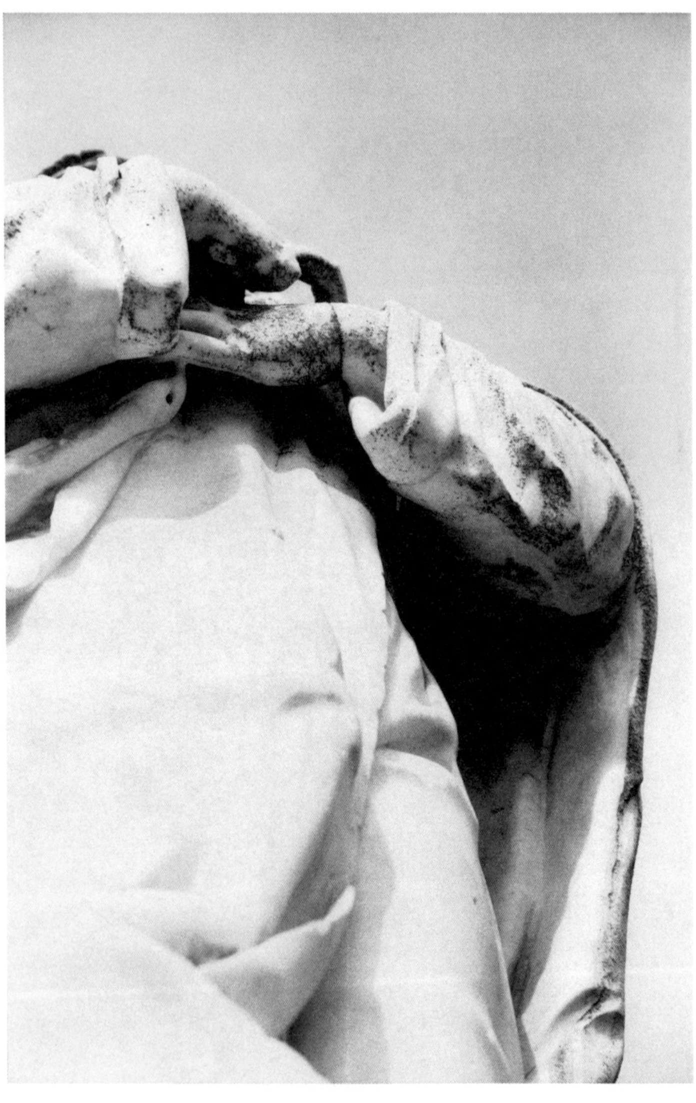

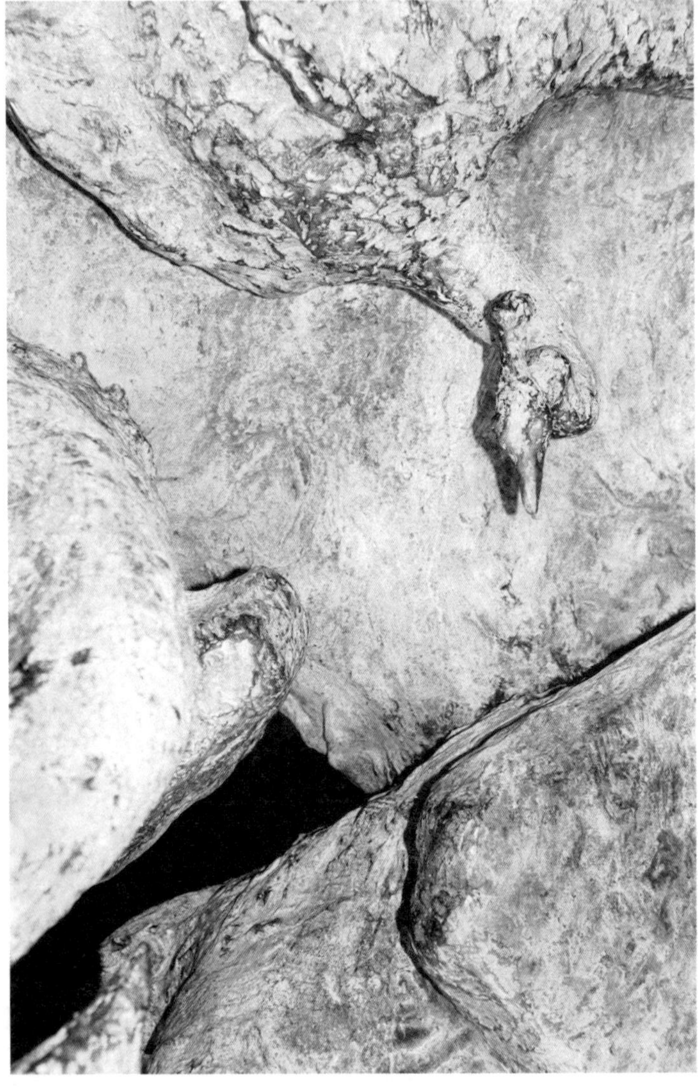

VIERTE KOPERNIKANISCHE WENDE

Der Schock, den die Perfektionierung der Maschine ausgelöst hat, war eines der großen Themen der Moderne des 20. Jahrhunderts. Die Maschine hat aber den Menschen, wie befürchtet wurde, nicht überflüssig gemacht, eher hat die Maschine, wenn man an die Eisenbahn oder das Automobil denkt, die Freiheitsgrade des Menschen erweitert. Der Schock blieb ein ästhetisches Verfahren der künstlerischen Avantgarde. Dass der Schock heute ausbleibt angesichts der Eingriffe der digitalen Technologien in alle Lebensbereiche, irritiert jedoch. Reflexartig wird auf die Kreativität verwiesen als jene Domäne, in der der menschliche Geist der Maschine noch überlegen zu sein scheint. Für Überheblichkeit ist aber wenig Anlass. Mit der künstlichen Intelligenz stehen wir mitten in einem Transformationsprozess, der das Selbstbewusstsein des Menschen und seine Lebensgrundlagen erschüttert.

MIKRO-UTOPIEN Nach einem überhastet proklamierten ersten *digital turn*[1] rufen dessen Propheten wie Mario Carpo nun schon den zweiten *digital turn* aus. Das mag der Geschwindigkeit der technologischen Veränderungsprozesse geschuldet sein, doch die Proklamation von sich schnell einander ablösenden *turns* und Wenden scheint eher Zeichen des Mangels an historischem Verständnis und der daraus resultierenden Orientierungslosigkeit.

Was die digitalen Technologien bisher auch in der Architektur hervorgebracht haben, bleibt, so muss man feststellen, im Rahmen des Denkbaren. Sie sind die Fortsetzung der alten Techniken mit anderen Mitteln. Nach Marshall McLuhan (1911–1980) werden neue Technologien am Anfang immer wie alte benutzt. Wir zeichnen am Bildschirm, wir erstellen Renderings und Modelle am Bildschirm und entwerfen mehr oder weniger wie bisher. Das gilt auch dann, wenn durch den schnellen Austausch der Daten im Medium der digitalen Zeichnung die Souveränität des Architekten zu schwinden scheint.

Das Denken der Architektur hat sich, all den neuen formalen und technologischen Möglichkeiten zum Trotz, nicht substanziell im Sinne eines *turns* oder einer Wende verändert. Dennoch hat es zu neuen Formen der Partizipation und des gesellschaftlichen Miteinanders, zu neuen Sensibilitäten für lokale Identitäten und, wie Sandra Meireis in *Mikro-Utopien der Architektur*[2] mit großer Souveränität darlegt, zur Rückkehr der Utopie geführt, jetzt als mikro-architektonische und mikro-utopische Interventionen im sozialen Gefüge der Stadt.

KÜNSTLICHE INTELLIGENZ Von einem substanziellen Paradigmenwechsel können wir, wie Thomas S. Kuhn (1922–1996) in *Die Struktur wissenschaftlicher Revolution*[3] dargelegt hat, immer nur dann sprechen, wenn wir mit einem neuen Modell des Denkens auf alte Tatsachen schauen und dann im Alten neue, zuvor nicht sichtbare Dinge erkennen. Wie Charles Darwin (1809-1882) durch das neue Modell der Evolutionstheorie neue Zusammenhänge in der Natur erkannte, weshalb sich deswegen die Natur nicht geändert hat. Dennoch: Jedes Mal geht von ihnen eine verunsichernde Wirkung auf den Menschen aus, auf das Bewusstsein des Menschen von sich und seiner Stellung in der Welt.

Die digitalen Technologien haben bisher das Selbstverständnis des Menschen von sich und seiner Architektur nicht verändert - zumindest nicht in umfassender Weise. Das große Ereignis steht noch bevor. Es sind nicht die digitalen Technologien als solche, sondern die durch die enorme Steigerung der Speicherkapazität der Computer sich herausbildende künstliche Intelligenz, die in Form der kreativen, intelligenten Maschine zu einer Herausforderung für den Menschen wird.

Man öffne zum Beispiel in seinem Browser DeepL und gebe diesen Text zur Übersetzung ins Englische ein. Was für ein Schock! Es gibt fast nichts, was nachgebessert werden müsste. Wir sind Zeuge einer tiefgreifenden Relativierung der menschlichen Kreativität. Was bisher viel Mühe kostete und das höchste Ideal der Beherrschung der Sprache war, scheint nichts mehr wert zu sein. Heute kann der Computer, wie bei Matsys Design, selbst für Großprojekte die Entwurfsarbeit übernehmen. Einwände, dass das Resultat nicht überzeugend wäre, sind nicht stichhaltig. Es bedarf nicht lange, dass auch dieses sich ändert. Wie die Erfindung des Fließbandes zur Zeit der analogen Maschine die Arbeit des Arbeiters auf wenige Handgriffe reduzierte, sitzt dann der Architekt vor dem Computer und führt einige wenige Tastenkombinationen aus.

KOPERNIKANISCHE WENDE Nach der Faszination für die neuen Technologien folgt auf die künstliche Intelligenz die psychologische Verstörung. Was gilt dann noch, wenn die Entwicklung, woran nicht zu zweifeln ist, so weitergeht? Künstliche Intelligenz erleichtert nicht die Arbeit, sie entwertet auch nicht die menschliche Arbeit, wie das noch die analoge Maschine tat. Sie ist vielmehr eines der vier großen Ereignisse, die das Selbstverständnis des Menschen von sich und seiner Stellung in der Welt grundlegend und irreversibel erschüttern.

Wir stehen mitten im Prozess einer neuen, vierten kopernikanischen Wende – nach dem Schock der ersten kopernikanischen Wende, als mit Nikolaus Kopernikus (1473–1543) die Position der Erde im Zentrum der Schöpfung verloren ging; nach dem zweiten Schock, als mit Darwins Evolutionstheorie der Mensch seine herausragende Stellung unter den Lebewesen verlor; und nach dem dritten Schock durch Sigmund Freuds (1856–1939) Psychoanalyse, mit der, wo das Es über das Ich herrscht, der Mensch nicht mehr Herr über sich selbst ist.

Als «prometheische Scham» hat der Philosoph Günther Anders (1902–1992) noch das gedemütigte Selbstwertgefühl des modernen Menschen angesichts der perfekten Maschinen bezeichnet. In *Antiquiertheit des Menschen* beschrieb er das «Scham-Motiv, das es in der Vergangenheit nicht gegeben hat», eben die Scham «vor der ‹beschämend› hohen Qualität»[4] der Maschinenproduktion. Das galt für die analoge Maschine. Es ging nur um die Herstellung von Dingen durch Maschinen, es ging noch nicht um die kreative Maschine, um die Erfindung von Maschinen durch Maschinen.

•••

Heute kann man nicht mehr von der prometheischen Scham, sondern eher von der tiefgreifenden narzisstischen Kränkung des Menschen sprechen angesichts der Eingriffe in die dem Menschen letztverbliebene Domäne: die Kreativität. Wie bei den anderen zuvor geht auch von der vierten kopernikanischen Wende eine tiefgreifende Verunsicherung aus. Sie wird aber einschneidender sein, weil nach dem Verlust des Zentrums, nach dem Verlust des Glaubens an die Einzigartigkeit des Menschen und dem Verlust der Souveränität des Menschen über sich mit der Kreativität die letzte Domäne, die dem Menschen verblieben war, auch noch entzaubert wird.

1 Mario Carpo, *Alphabet und Algorithmus. Wie das Digitale die Architektur herausfordert*, hrsg. u. übers. v. Jörg H. Gleiter u. Jan Bovelet, Bielefeld: Transcript 2012.

2 Sandra Meireis, *Mikro-Utopien der Architektur*, Bielefeld: Transcript 2021.

3 Thomas S. Kuhn, *Die Struktur wissenschaftlicher Revolutionen* [1967], Frankfurt/M.: Suhrkamp 1993.

4 Günther Anders, *Die Antiquiertheit des Menschen*, Bd. 1, München: C. H. Beck 1994, S. 21.

HUMANISMUS

Der biblische Auftrag, dass sich der Mensch die Welt untertan mache, ist ausgeführt. Ob zur Zufriedenheit, bleibt mehr als fraglich. Es gibt wenig, das der Mensch auf dieser Welt nicht verändert hat, er ist zum bedeutendsten Umweltfaktor geworden, wobei die Eingriffe durch Architektur, Stadt und Infrastrukturprojekte die sichtbare Seite eines alles durchdringenden Veränderungswillens sind. Ist damit das humanistische Versprechen eingelöst, mit dem der Mensch seit der Renaissance Zutrauen zu seinen Fähigkeiten gewonnen hat? Es gibt eine paradoxe Konstellation zu beobachten, dass just in dem Moment, in dem der Mensch omnipräsent die Natur bestimmt, Big Data und künstliche Intelligenz dabei sind, dem Menschen seine beherrschende Position wieder streitig zu machen.

QUADRAT UND KREIS Es stellt sich die Frage nach dem Humanismus im Allgemeinen und den humanistischen Grundlagen der Architektur im Besonderen. Seit dem 15. Jahrhundert stehen die Freiheit des Willens und die Selbstbestimmung des Menschen im Zentrum des humanistischen Ideals. Keineswegs ist es aber so, dass das Konzept des Humanismus, einmal definiert, über die Jahrhunderte unverrückbar gewesen wäre. Der Humanismus enthält eine in sich offen konzipierte Vorstellung der Beziehung zwischen Mensch und Welt.

Die Beschreibung des Humanismus, wie immer wieder vorgebracht wird, als jene Geisteshaltung, in der der Mensch ins Zentrum der Welt rückte, ist wenig aussagekräftig. Der Vitruvianische Mensch, wie in der berühmten Darstellung von Leonardo da Vinci (1452-1519), sagt etwas anderes aus. Die geometrischen Figuren von Quadrat und Kreis, in die der Idealmensch eingeschrieben ist, haben keinen gemeinsamen Mittelpunkt. Sie markieren kein einziges Zentrum, die Arme berühren den Kreis nur in der gezeichneten Position und beschreiben ansonsten eine andere Figur.

Metaphorisch stehen Kreis und Quadrat für das humanistische Selbstverständnis des Menschen von sich selbst, zu einer Zeit als Wissenschaft, Kunst und Praxis noch ungeschieden waren. Tatsächlich entwickelte sich die Wissenschaft erst spät aus den Künsten heraus, sie entlehnte, wie Theodor W. Adorno (1903-1969) pointiert festgestellt hat, ihren Begriff von Exaktheit und Präzision gerade den Verfahren «künstlerischer Erfahrung»[1] und den Vorstellungen ästhetischer Klarheit. Humanismus gründet in der Einheit von Wissenschaft, Kunst und Praxis.

HANDELN Die Wende zu einer humanistischen Konzeption der Architektur formulierte erstmals Leon Battista Alberti (1404-1472). In *Zehn Bücher über die Baukunst* schrieb er, «wenn ich aber die Nützlichkeit und Notwendigkeit von Decke und Wand betrachte, so werde ich natürlich davon überzeugt sein, daß diese in

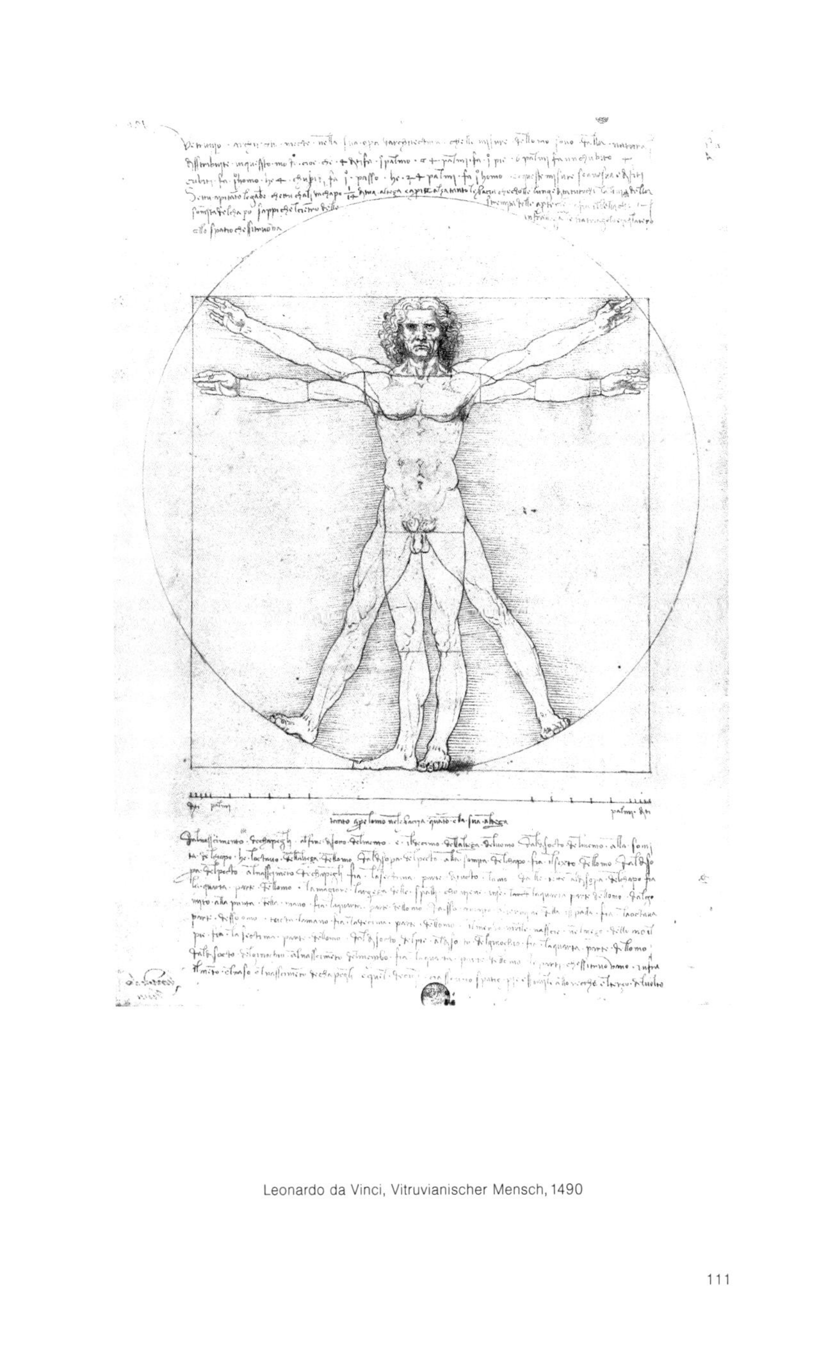

Leonardo da Vinci, Vitruvianischer Mensch, 1490

viel höherem Grade dazu beigetragen haben, die Menschen zu vereinigen und zusammenzuhalten»[2] als Feuer und Wasser.

Alberti kritisierte damit Marcus Vitruvius Pollio (80/70–15 v. Chr.), den Verfasser der einzig überlieferten antiken Schrift zur Architektur. In *Zehn Bücher über Architektur* – auf diesen Titel nahm Alberti mit seinem Buchtitel ehrfurchtsvoll Bezug – hat Vitruv festgestellt, dass die Menschen, nachdem sie zuerst vereinzelt in den Wäldern gelebt haben, sich erst um das Feuer vereinigten und Gemeinschaften gebildet haben, um dann, sehr viel später, anzufangen, zum Schutz vor dem Wetter und den wilden Tieren Häuser zu bauen.

Für Alberti dagegen war die erste Aufgabe der Architektur, Räume zu schaffen als Voraussetzung dafür, dass sich überhaupt erst menschliche Gemeinschaften herausbilden konnten. Damit leitete Alberti einen Wechsel in der Konzeption der Architektur ein. Sie ist nun nicht mehr nur *reactio* auf äußere Einflüsse wie das Wetter oder die wilden Tiere, sondern auch *actio*, die überhaupt erst die Möglichkeitsbedingungen für Gemeinschaftsbildung schafft.

In diesem Zusammenhang sprach Hannah Arendt (1906–1975) in *Vita activa* von den drei Grundtätigkeiten Arbeiten, Herstellen und Handeln und von der «Angewiesenheit menschlicher Existenz auf Gegenständlichkeit und Objektivität»[3]. Es besitze die Architektur «die gleiche bedingende Kraft [...] wie die bedingenden Dinge der Natur»[4]. Als ein das Leben bestimmender Faktor ist die Architektur ebenbürtig zur Natur.

HERVORBRINGEN Bei Alberti zeigt sich erstmals die dialektische Konzeption der Architektur, insofern Architektur einerseits Voraussetzung für die Bildung von Gemeinschaft ist, während sie andererseits, aufgrund ihrer Komplexität, nur kollektiv und daher aufgrund vorausgehender Gemeinschaftsbildung erschaffen werden kann. Architektur ist Voraussetzung *und* Resultat der menschlichen Sozialisierungsprozesse, sie lässt sich nicht auf ein klar definiertes Anfangsprinzip zurückführen.

Dann fragt man nicht mehr, *was* Architektur ist, sondern *wie* sie gemacht ist oder gemacht werden soll und *wie* sie wirkt oder wirken soll. Durch Architektur schafft sich der Mensch eine ihm angemessene, um einen Begriff von Arendt zu gebrauchen, eigene «Weltlichkeit». Das setzt ein Tun und Machen voraus, als Artefakt entsteht Architektur aus aktiver Tätigkeit des Arbeitens, des Herstellens und des Handelns heraus. Die humanistische Grundbestimmung zeigt sich nun im Verständnis von Architektur als Akt der Poiesis, der sinnlich-materielle, räumliche Artefakte hervorbringt, die ihrerseits wiederum Auslöser werden für Handlungen und soziale Akte.

Für die Architektur kann man den Akt des Hervorbringens auf drei Ebenen definieren: 1. als Konzipiertwerden mittels Zeichnungen und Modellen und damit im Sinne des Entwerfens als einer dynamischen, imaginativen Tätigkeit; 2. als Konstruiertwerden auf der Baustelle und damit im Sinne der Herstellung eines materiell-räumlichen Objekts, und 3. als Realisiertwerden in der Reaktion des Benutzers auf das Angebot der Architektur, etwas mit ihr zu tun, wie zum

Beispiel durch eine Tür zu gehen oder eine Treppe hochzusteigen.

...

Architektur ist also weniger Objekt als Hintergrund oder Kontext für Handlungen, sie selbst entsteht dynamisch aus dem Tun und Machen heraus und ist damit mehr aristotelisch als platonisch. Und der Mensch versteht sich selbst erst durch das handelnde Tun und Machen, das die Architektur zum Ziel hat wie auch von der Architektur ausgeht. Indem er Architektur macht, bringt der Mensch sich selbst nahe. Ohne sie würde der Mensch sich selbst verloren gehen. Dorthin geriete auch eine Architektur, die sich ihres humanistischen Auftrags entledigte, der wesentlich darin besteht, den Menschen über sich selbst aufzuklären.

1 Theodor W. Adorno, «Funktionalismus heute», in: Ders., *Gesammelte Schriften in 20 (23) Bänden*, Bd. 10.1, Darmstadt: Wissenschaftliche Buchgesellschaft 1998, S. 378.

2 Leon Battista Alberti, *Zehn Bücher über die Baukunst*, Darmstadt: Wissenschaftliche Buchgesellschaft 1975, S. 10.

3 Hannah Arendt, *Vita activa oder Vom tätigen Leben*, München: Piper 2019, S. 16.

4 Hannah Arendt, *Vita activa*, a. a. O., S. 19.

SACHWIDERSTAND

Mensch und Architektur können nicht anders als aufeinander bezogen zu sein. Das scheint eine triviale Aussage. Doch was heißt eigentlich Aufeinanderbezogensein? Ist Architektur Technik, Werkzeug, Gerät oder Lebensmittel, ist sie zweite Natur, Extension des Körpers, soziales Objekt oder einfach Ding oder doch eher Un-Ding. Tatsächlich sprach der Anthropologe Arnold Gehlen (1904–1976) vom «Sachwiderstand»[1] der Dinge. Während die Architektur menschlichen Bedürfnissen gerecht werden soll, widersetzt sie sich diesen und geht nie ganz in ihnen auf.

MÄNGELWESEN In *Der Mensch. Seine Natur und seine Stellung in der Welt* beschreibt Gehlen den *Menschen* als «Mängelwesen»[2]. Gegenüber der Tierwelt zeichnet den Menschen gerade aus, dass ihn nichts auszeichnet. Er ist mit keinen besonderen Eigenschaften ausgestattet. Während die Tiere an ihre jeweilige Umwelt angepasst sind, kann sich der Mensch nicht einmal auf seine Instinkte verlassen, weshalb Gehlen von der «Instinktreduktion» des Menschen spricht, die das Verhältnis des Menschen zur Welt und umso mehr zur Architektur bestimmt.

Gehlen konnte sich auf die griechische Mythologie berufen. Dort wird erzählt, dass Zeus den Tieren unterschiedliche Eigenschaften gab. Die einen sind besonders schnell, andere besonders klein, manche giftig, manche stark. Aber als er zum Menschen kam, waren ihm die Eigenschaften ausgegangen, es gab nichts mehr zu verteilen. Der Mensch ging leer aus. Prometheus aber hatte Erbarmen und gab dem Menschen, um ihm das Überleben zu ermöglichen, gegen den Willen Zeus' das Feuer. Er wurde dafür hart bestraft, indem er an einen Felsen gefesselt wurde. Er war der erste Gott, der sich für die Menschheit geopfert und für sie gelitten hat.

In der Instinktreduktion, als Mängelwesen und «noch nicht festgestellte[s] Thier»[3], wie Friedrich Nietzsche (1844–1900) feststellte, ist der Mensch darauf angewiesen, «die Bedingungen seiner Lebensfristung»[4] selbst zu erzeugen. Er muss dazu Werkzeuge der unterschiedlichsten Art wie Hammer und Sichel, Automobil und Computer erfinden. Für Gehlen gehören dazu auch Institutionen wie Verwaltungen, Vereine oder Staaten. Und Architektur ist beides: Sie ist sowohl Werkzeug, mit dem der Mensch sich für seine gleichbleibenden wie auch sich ändernden Bedürfnisse eine angemessene lebenswerte Umwelt schafft, während sie gleichzeitig auch Institution ist, die den Rahmen dafür setzt, dass der Mensch zusammenkommen und Gemeinschaften bilden kann.

FREIHEIT Als Mängelwesen bringt aber der Mensch die Architektur nicht hervor wie zum Beispiel die Wespe ihr Wespennest oder der Biber seinen Biberbau. Im Unterschied zu diesen kann er sich auf seine

Instinkte nicht verlassen. Wo er nicht einmal genau sagen kann, was ihm angemessen ist, muss er immer wieder aufs Neue darüber nachdenken, welche Zwecke die Architektur erfüllen soll, wie sie gemacht werden soll und welches die Mittel dazu sein sollen. An die Stelle des Instinkts tritt die Reflexion, also Theorie, und mit ihr die Freiheit, Entscheidungen treffen zu können, aber auch zu müssen. Theorie und Architektur sind Medium der Freiheit.

Das Verständnis für die Architektur als Werkzeug kann bis auf den antiken Autor Marcus Vitruvius Pollio (80/70–15 v. Chr.) zurückgeführt werden. In *Zehn Bücher über Architektur* schreibt er: «Die Architektur selbst umfaßt drei Teile. Das Bauen, die Herstellung von Uhren und die von Maschinen.»[5] Es irritiert bis heute, dass Vitruv das Bauen von Gebäuden auf eine Stufe stellte mit der Fertigung von Uhren und Maschinen und die drei Herstellungsverfahren unter dem Begriff Architektur subsumierte. Gebäude sind nach Vitruv auch Maschinen. Die Idee der Wohnmaschine, die oft mit negativer Konnotation der modernen Architektur unterstellt wird, war Vitruv nicht fremd.

Es verwundert daher, dass trotz des Status als Maschine Vitruv die Anfänge des Bauens in der Nachahmung der Natur gegründet sah. So berichtet er, dass vor langer Zeit, nachdem sie sich um das Feuer versammelt hatten, die Menschen begannen, «von Laub Dächer zu machen, die andern [...] die Nester der Schwalben und deren Bau nachahmend, aus Lehm und Zweigen Stätten zu bereiten»[6]. In der Nachahmung der Natur liegt der Anfang aller Tätigkeit des Menschen. Vitruv konnte sich nichts anderes vorstellen.

Und dennoch, die Anfänge der Technik liegen wohl in der Nachahmung, aber die Menschen entwickelten die Techniken weiter. Sie tauschten sich über ihre Erfahrungen beim Hausbau aus, so Vitruv, in Hinblick auf die Konstruktion, die Zwecke und die Anmut. Dahinter verbirgt sich die Vitruvianische Trias von *firmitas* (Festigkeit), *utilitas* (Funktion) und *venustas* (Schönheit). Sie lernten voneinander und machten Fortschritte. Schnell wurde die Architektur aus ihrer ontologischen Bindung an die Natur herausgelöst, es wurde das Paradigma der Nachahmung durch das der Erfindung ersetzt.

SACHWIDERSTAND Doch Vitruv führte, wie später auch Gehlen, neben Bauten, Uhren und Maschinen zwei weitere Werkzeuge ein: Sprache und Gemeinschaft. Voraussetzung für die Entstehung der Architektur war, dass die vereinzelt lebenden Menschen aus den Wäldern kamen und sich um das Feuer versammelten und so «unter den Menschen Zusammenkunft [conventus], Unterredung [concilium] und Zusammenleben [convictus in unum locum] entstanden war»[7].

Erst nachdem sie Gemeinschaften gebildet hatten, erst dann fingen die Menschen an, Häuser zu bauen. Die Trias von *conventus*, *concilium* und *convictus in unum locum* steht am Anfang der Architektur. Sie ist grundlegender als die Trias von *firmitas*, *utilitas* und *venustas*, die immer wieder als jene Grundbegriffe genannt werden, mit denen die Architektur in ihren Voraussetzungen beschrieben ist.

Die Bedeutung der Sprache in diesem Prozess hat Gehlen hervorgehoben. Es ist die Sprache «eine Zwischenwelt, die zwischen dem Bewußtsein und der Welt [der Dinge] liegt, sie zugleich verbindend und trennend»[8]. Die Sprache ist einerseits auf die Dingwelt gerichtet, die sie bezeichnet, andererseits wird sie von den Dingen immer auch «zurückgeworfen - reflektiert»[9]. Aufgrund ihrer «Materialdünne»[10] können die sprachlichen Zeichen nicht in den konkreten Dingen, die sie bezeichnen, aufgehen. Es besteht eine Differenz zwischen Sprache und Ding.

Es erfährt die Sprache einen «Sachwiderstand», sie wird reflektiert und auf sich zurückgeworfen, wobei im Reflektiertwerden, wie könnte es anders sein, etwas von den Dingen, der Grund für ihr Zurückgeworfenwerden, an den Worten hängen bleibt. Der Sachwiderstand verändert so die Sprache, sie ist nicht mehr nur abbildend, sie ist nun von den Dingen tingiert und gefärbt. Das Reflektiertwerden geht in Reflexion darüber über. Die Art der Reflexion über die Dinge, die unmittelbar von diesen tingiert ist, heißt dann Theorie. Es ist ja der Sinn der theoretischen Reflexion, dass sie nicht unbeteiligt, dass sie nicht gleichgültig oder neutral den Dingen gegenüber ist.

•••

Es zeigt sich, dass die Architektur nicht nur Werkzeug oder Institution ist. Als materielles Artefakt ist sie auch Instanz des Widerstands gegen die Vereinnahmung durch den Menschen. Sie ist widerständig, sie zeigt ihren Eigenwillen. Sie befriedigt nicht nur die Bedürfnisse des Menschen. Durch den Sachwiderstand und vermittelt durch die Sprache nimmt sie Einfluss auf den Menschen und verändert ihn. Die Stellung des

Menschen in der Welt ist nicht autonom, sie ist durch ein Spannungsverhältnis zur Dingwelt bestimmt, über das der Mensch Bewusstsein von sich selbst erhält. Der Mensch erfährt sich über den «Umweg über die Weltdinge»[11].

1 Arnold Gehlen, *Der Mensch. Seine Natur und seine Stellung in der Welt*, Frankfurt/M.: Vittorio Klostermann 2016, S. 288.

2 Ebd., S. 91.

3 Friedrich Nietzsche, *Sämtliche Werke. Studienausgabe*, hrsg. v. Giorgio Colli u. Mazzino Montinari, Bd. 5, *Jenseits von Gut und Böse*, 3. Hauptstück: das religiöse Leben, Aph. 62, München: dtv 1999, S. 81.

4 Arnold Gehlen, *Der Mensch*, a. a. O., S. 149.

5 Marcus Vitruvius Pollio, *Zehn Bücher über Architektur*, Wiesbaden: Marix 2004, S. 27.

6 Ebd., S. 51 f.

7 Ebd., S. 51.

8 Arnold Gehlen, *Der Mensch*, a. a. O., S. 290.

9 Ebd., S. 290.

10 Ebd., S. 288.

11 Karl-Siegbert Rehberg, «Nachwort», in: Arnold Gehlen, *Der Mensch*, a. a. O., S. 490.

RAUM UND RÄUME

Man könnte meinen, dass selbstverständlich der Raum eine architektonische Tatsache und ein Grundbegriff ist. Selbstverständlich ist das aber nicht, trotz der Raumkunst, die Architektur ist. Bauen, wie Martin Heidegger (1889–1976) formulierte, errichtet Orte, aber «gestaltet niemals ‹den› Raum»[1], der als solches nicht gestaltet werden kann. Bauen sei dagegen «ein Stiften und Fügen von Räumen», wodurch «notwendig auch der Raum als spatium und als extensio in das dinghafte Gefüge der Bauten» komme. Bauen bringe eben «Dinge als Orte» hervor. Tatsächlich wurde spät, gegen Ende des 19. Jahrhunderts, die Raumerfahrung zum Thema, aber erst nicht in der Architektur, sondern in Kunstgeschichte und Philosophie. In den Fokus der Architektur kommt der Raum mit der Ausformulierung der Prinzipien der Moderne in den 1920er-Jahren. Dann war es aber weniger der Raum als die Zeit, die sich schnell im Sinne von Performativität und Prozessualität in den Vordergrund schob.

OHNE DACH Die Architektur, im engeren Sinne, zeichnet sich dadurch aus, dass sie ein Innen von einem Außen trennt, dass sie eine Innenräume schaffende kulturelle Praxis ist mit einer Außenräume bildenden

Funktion. Camillo Sitte (1843-1903) spitzte dieses noch zu und ging in *Der Städtebau nach seinen künstlerischen Grundsätzen* (1889) so weit zu behaupten, dass auch die Plätze in der Stadt eigentlich Innenräume sind. Er bezeichnete sie als «großartiges hypäthrales Interieur»[2]. Die Stadträume stünden in einer Traditionslinie mit den Hypäthraltempeln, einer frühen Form von Tempeln, die einen heiligen Ort markieren, indem sie ihn mit Mauern, Wänden oder Säulen umschließen, aber ohne Dach bleiben. In seiner *Philosophie der Kunst* führte Georg Wilhelm Friedrich Hegel (1770-1831) dafür den Tempel der Diana zu Ephesos[3] an.

Für Sitte war das Malerische und Pittoreske der Stadträume und die sie definierenden Fassaden leitend. Ähnlich argumentierte auch der Kunsthistoriker August Schmarsow (1853-1936). «Einfriedigung, Umhegung und Umwandung unter freiem Himmel»[4], also vier Wände ohne Dach, seien die Hauptsache der Architektur. Nicht nur nebenbei stellte er so die Vorstellung einer in erster Linie dem Schutz vor dem Wetter dienenden Funktion der Architektur und damit die vielfältigen Fantasien über die Urhütte infrage.

In der Architektur ist *der* Raum immer nur innerhalb anderer Themen präsent, zum Beispiel in der Bewegung, in der Form oder der Tektonik. Oder in der Lichtmetaphysik der barocken Kirchen oder der Transparenz wie in den Glaspalästen der Weltausstellungen. Für Ludwig Mies van der Rohe (1886-1969) gab es keinen Zweifel, dass der Raum eine Funktion der Zeit und Baukunst «raumgefaßter Zeitwille»[5] ist.

KARNEVALSKERZENDUNST Lange sprachen die Architekten eher von den Atmosphären und

Stimmungen als vom Raum. So auch Gottfried Semper (1803–1879), es setze «jedes Kunstschaffen einerseits, jeder Kunstgenuss andrerseits, [...] eine gewisse Faschingslaune voraus, um mich modern auszudrücken, – der Karnevalskerzendunst ist die wahre Atmosphäre der Kunst»[6]. Für Semper bestand das Ziel der Baukunst in der Schaffung von dichten, emotional aufgeladenen und den Alltag transzendierenden Atmosphären.

Wie auch immer man zum Karnevalskerzendunst stehen mag, stand auch der Architekt der Frankfurter Oper Richard Lucae (1829–1877) der Semper'schen Architekturtheorie nahe. So sprach er in *Ueber die Macht des Raumes in der Baukunst* (1869) weniger vom Raum als von der ernsten oder gar feierlichen Stimmung in den «Riesenvestibülen» der neuen Bahnhöfe. Für ihn war die Atmosphäre ein Phänomen der Oberfläche, das abhängig war von «Form, Licht, Farbe und Maaßstab»[7]. Mit den Riesenvestibülen meinte er die steinernen Kopfbauten der Bahnhöfe und nicht, wie man annehmen könnte, die Überdachungen der Gleise aus Eisen und Glas.

Zum Thema wurde die Raumerfahrung am Ende des 19. Jahrhunderts erst in Kunst und Kunstgeschichte, ihre konzeptuelle Präzisierung erhielt sie aber zu Beginn des 20. Jahrhunderts in der Philosophie. Die Raumerfahrung wurde auf vier Ebenen konzeptualisiert, in Bezug auf den *menschlichen Körper im Raum*, auf den *Leib und die Leiberfahrung als Raum*, auf die *mentale und kognitive Konstitution des Raums* und auf die unbewusste, *psychologische Erfahrung des Raums*.

IMMANENTE GEISTIGKEIT Schmarsow glaubte, dass die Raumerfahrung von der Linie her über die Fläche zum Raum hin aufgebaut sei. Es sei die vertikale Achse des aufrecht gehenden Menschen die grundlegende Dimension, aus der mittels der seitlich ausgestreckten Arme sich die Fläche und durch Vorwärtsbewegung aus der Fläche sich die Tiefendimension ergäbe. Als Kunsthistoriker dachte Schmarsow bildhaft-flächig, daher war für ihn der Raum aus Raumschichten aufgebaut.

Eine Sensibilisierung für den Raum in seiner Volumenhaftigkeit setzte in der Architektur erst mit der Ausformulierung der Prinzipien der Moderne ein. Entscheidend dafür war die Befreiung der Architektur von den klassischen Ornamenten und ihrer Repräsentationsfunktion. In phänomenologischer Klarheit trat dann darunter der Raum in seiner Präsenz hervor.

Albert E. Brinckmann (1881-1958) sah diese Entwicklung hin zum Raum vor dem Hintergrund der Hegel'schen Ästhetik und Hegels Postulat des Endes der Kunst. In *Plastik und Raum als Grundformen künstlerischer Gestaltung* (1922) argumentierte er, dass nach dem von Hegel proklamierten Ende der Kunst sich in der Moderne der «Geist als im Sinnlichen erscheinend»[8] zeige. Nach den drei Entwicklungsphasen der Kunst - der symbolisch-mesopotamischen, klassisch-antiken und romantisch-gotischen - sei in der Moderne, wie er Hegel folgend argumentierte, die Baukunst in ein Stadium der immanenten Geistigkeit übergegangen.

•••

Hier setzte Mies van der Rohe an. Die Moderne ermögliche neue, geistige Raumwirkungen, «die Wand verliert ihren abschließenden Charakter»[9]. Mit der Auflösung der raumbegrenzenden Funktion der Wand öffnete sich die Architektur einer neuen Raumkonzeption, die beides verband: Phänomen und Intellekt, beide schließen sich im Sinne der immanenten Geistigkeit nicht mehr gegenseitig aus. Vielleicht muss man Heidegger korrigieren, denn wo die Wände nicht mehr den Raum begrenzen, verändert sich auch die Orte schaffende Funktion der Architektur. Es tritt die Zeit in den Vordergrund. Wo durch die Öffnung der Wände kein grundsätzlicher Unterschied mehr zwischen Innen- und Außenraum ist, wird im entgrenzten architektonischen Raum die Zeit zur grundsätzlicheren Dimension.

1 Martin Heidegger, «Bauen, Wohnen, Denken», in: *Mensch und Raum. Das Darmstädter Gespräch 1951*, Braunschweig: Vieweg 1991, S. 99.

2 Camillo Sitte, *Der Städtebau nach seinen künstlerischen Grundsätzen* [1909], Basel u. a.: Birkhäuser 2001, S. 10.

3 Georg Wilhelm Friedrich Hegel, *Philosophie der Kunst. Vorlesung von 1826*, Frankfurt/M.: Suhrkamp 2005, S. 183.

4 August Schmarsow, «Das Wesen der architektonischen Schöpfung» [1893], in: *Architektur. Raum. Theorie*, hrsg. v. Andreas Denk u. a., Tübingen u. a.: Wasmuth 2016, S. 113.

5 Ludwig Mies van der Rohe zitiert nach: Fritz Neumeyer, *Mies van der Rohe. Das kunstlose Wort*, Berlin: Siedler 1986, S. 303.

6 Gottfried Semper, *Der Stil in den technischen und tektonischen Künsten, oder Praktische Aesthetik* [1860], Bd. 1, München: Friedr. Bruckmann's 1878, S. 216 f.

7 Richard Lucae, «Ueber die Macht des Raumes in der Baukunst», in: *Zeitschrift für Bauwesen* 19, Berlin: Verlag von Ernst & Korn 1869, S. 295.

8 Georg Wilhelm Friedrich Hegel, *Vorlesungen über die Ästhetik II*, Frankfurt/M.: Suhrkamp 1986, S. 255.

9 Ludwig Mies van der Rohe zitiert nach: Fritz Neumeyer, *Mies van der Rohe*, a. a. O., S. 309.

ANALOG

Analog und digital, das erscheint wie die zwei Seiten einer Medaille, wobei das Digitale heute das Analoge fest im Griff zu haben scheint. Tatsächlich hat aber das Analoge ein Eigenleben unabhängig von den *digits*. Wie Bild, Metapher, Allegorie, Modell und Symbol gehört nach Oswald Mathias Ungers (1926-2007) auch die Analogie zu den grundlegenden Verfahren des «Denkens und Entwerfens»[1]. Doch Analogien gründen nicht in Ähnlichkeit, sie sind nicht bildhaft, sondern basieren auf Verwandtschaft, sind also strukturaler Natur. Kaffeekanne und Turm können als analog gedacht werden, so das berühmte Beispiel von Aldo Rossi (1931-1997), aber darstellen kann man Analogien nicht und noch weniger zeichnen. Es ist so irritierend wie herausfordernd, dass Immanuel Kant (1724-1804), auf den sich Ungers berief, in der Analogie schlechthin das Prinzip erkannte, in der «architektonische Einheit»[2] gründet.

TERTIUM COMPARATIONIS Trotz der Privilegierung durch Kant als «architektonisch», ist die Analogie in der Architektur weitgehend unverstanden. Sie ist eine schwierige Kategorie, die sich, gerade weil sie nicht bildbasiert ist, dem leichten Verständnis entzieht. Wie die berühmte Collage *La città analoga*, mit der Rossi 1976 auf der Biennale in Venedig die Analogie für eine kritische Entwurfspraxis fruchtbar machen wollte und damit, wie man heute erkennen muss, scheiterte.

Die Analogie zeichnet sich dadurch aus, dass sie die Kraft hat, gerade Dinge, die augenscheinlich nicht zusammengehören, zwischen denen es keine Verbindung zu geben scheint, miteinander in Beziehung zu setzen. Analogien agieren als ein verbindendes Drittes oder *tertium comparationis*, das zwischen den Dingen ein gedankliches Kontinuum herstellt. Indem sie ein Innen von einem Außen trennen, stehen zum Beispiel die Stadtmauer und die Außenwand eines Hauses in einer analogen Beziehung.

Analogien sind Augen öffnend und treten oft mit einem Überraschungseffekt auf. Dennoch, es wäre zu einfach, in der Analogie nur eine intellektuelle oder konzeptuelle Dimension zu sehen. Wo die Analogie das Nichtidentische, wie Kaffeekanne und Turm, miteinander in Beziehung setzt, schafft sie zwischen diesen Dingen eine Spannung, die über alle Maßstäbe hinweg einen Prozess der Imagination freisetzen kann. Mittels der Analogie wird das «Konkrete zur Quelle der Imagination»[3].

ANALOGE REIHE Analogien erzeugen eigene Erzählungen der Architektur. Wie das Columbarium von Rossis Friedhof San Cataldo in Modena, das im Grundriss dem Skelett eines Fisches gleicht, das Rossi zuweilen bildlich seinen Zeichnungen des Friedhofs als Memento mori hinzufügte. Es können aber auch analoge oder strukturale Reihen gebildet werden, die eigene Geschichten erzählen können - wie in der *Città analoga* die Reihe Rad (mit Sporen), Stadtmauer (mit Toren), Straßenraster (speichenförmig), Zeilenbauten (fächerförmig).

Die analogen Reihen sind aber nicht ein für alle Mal festgelegt. Es besteht immer die Möglichkeit, dass an den Verknüpfungspunkten die Erzählung abzweigt, in eine andere Richtung geht und in eine neue Reihe mit einer neuen Geschichte übergeht. Für die *Città analoga* lässt sich eine alternative Reihe konzipieren mit Rad (Stadtmauer), Lager (Castrum), Raster (Cardo und Decumanus), Stadtblock (innen/außen), Fenster (Fensterkreuz).

Einer ähnlichen Entwicklungslogik folgte Le Corbusier (1887-1965) 1922 in *Ausblick auf eine Architektur.* Dort stellte er das Bild eines Automobils neben das des Parthenon der Athener Akropolis. Bis heute irritierend heißt es in der Bildunterschrift: «Das ist die Maschine, die uns erregt. Wir treten ein in die Unerbittlichkeit der Mechanik.»[4] Damit war aber nicht das Automobil, sondern der Parthenon gemeint. Weiter heißt es, es mache auch das Metopen- und Triglyphenfries den «Eindruck nackten und polierten Stahls»[5]. Es ist das im Maschinenzeitalter neu entstandene Gefühl für Präzision und Mechanik, über das Le Corbusier in einem Analogieschluss das Älteste und Klassische mit dem Neuesten und Modernen in eine analoge Reihe und damit in eine Traditionslinie stellte. Formal bricht die Moderne mit der Geschichte, mittels Analogie sucht sie die konzeptuelle Kontinuität mit ihr.

ALS OB Analogie ist ein Mittel, die Architektur zum Sprechen zu bringen. Adolf Loos (1870–1933) war der Meinung, Architektur ließe sich beschreiben, aber nicht zeichnen. Rossi knüpfte unmittelbar daran an: «Diese Eigenart der logischen Formulierung, die ihre Beschreibung erlaubt, ist Kennzeichen der großen Architektur: das Pantheon lässt sich beschreiben, die Bauten der Sezession nicht.»[6] Mit Sezession ist der Wiener Jugendstil gemeint. Aber schon die architektonischen Zeichnungen wie Grundriss und Schnitt sind, entgegen der allgemeinen Annahme, nicht abbildend, sie stehen vielmehr in einer analogen Beziehung zum Gebäude.

Das Verfahren der Analogie ist das *Als ob*: als ob die Stadt ein Haus wäre, als ob zwei parallele Linien auf dem Papier Mauern wären. Insofern ist Le Corbusiers Vergleich des modernen Hauses mit einer Maschine nicht wörtlich zu nehmen im Sinne einer formalen Ähnlichkeit, sondern als Analogie, deren zwei Bezugspunkte, das moderne Haus und die Maschine, trotz ihrer unterschiedlichen Gestalt dennoch einem Prinzip folgen.

Eines der aufregendsten Beispiele einer Analogie schuf Rossi im achteckigen Innenhof des Wohnblocks in der Berliner Schützenstraße. Schaut man nach oben, so sieht man über der Traufkante Dachgauben, die in verschiedenen Formen ausgeführt sind. Trotz oder gerade wegen der groben Ausführung der Fassade und der Details, zeigt sich der Blick nach oben als Vexierbild. Plötzlich schlägt das Bild um, und man sieht die Szenen aus dem Deckengemälde der *Camera degli Sposi* (entstanden 1465 bis 1474) von Andrea Mantegna (1431–1506) im Palazzo Ducale in Mantua. In einem

Oben: Aldo Rossi, Hof im Quartier Schützenstraße, Berlin 1994–1998
Unten: Andrea Mantegna, Camera degli Sposi, Palazzo Ducale, Mantua 1465–1474

analogen Kurzschluss sieht man jetzt, vor dem Hintergrund des blauen Himmels, nicht mehr verschiedene Dachgauben. In perspektivischer Verkürzung schauen jetzt die Putti, Pfauen und menschlichen Figuren über die Traufkante, wie beim Deckengemälde von Mantegna, auf einen herunter.

•••

Es tritt die problematische Seite der analogen Architektur hervor. Sie liegt im Elitismus, in der Intellektualität, in der Abstraktion und im Rätselcharakter analoger Beziehungen. Auf der einen Seite der Kenner der Kunst- und Architekturgeschichte, der mit Freude am intellektuellen Spiel den Analogieschluss herstellen kann, auf der anderen Seite der weniger kenntnisreiche Betrachter, der davon ausgeschlossen bleibt. Am Rande des Banalen bietet ihm dieselbe Architektur wenig Möglichkeit zur sinnlich-imaginativen Erfahrung. Wo der eine faszinierende Analogien sieht, sieht der andere nur nackte und banale Tatsachen.

1 O. M. Ungers, *Morphologie City Metaphors*, Köln: Buchhandlung Walther König 2017, S. 14.

2 Immanuel Kant, *Kritik der reinen Vernunft*, Bd. 2, Frankfurt/M.: Suhrkamp 1996, S. 696.

3 Aldo Rossi, «La città analoga: tavola», in: *Lotus International* 13, Milano: Electa 1976, S. 5.

4 Le Corbusier, *1922. Ausblick auf eine Architektur*, hrsg. v. Ulrich Conrads, Basel u. a.: Birkhäuser 2001, S. 159.

5 Ebd., S. 162.

6 Aldo Rossi, «Architektur für die Museen», in: *Architekturtheorie im 20. Jahrhundert. Eine kritische Anthologie*, hrsg. v. Ákos Moravánszky, Wien u. a.: Springer 2003, S. 450.

STIL

«Stile [können] nicht gemacht werden, sondern entstehen.»[1] Das ist der Grund, weshalb auch die Gesetze des Stilwandels immer nur in der Rückschau bestimmt werden können, obwohl, wie man mit Bazon Brock (*1936) feststellen kann, eine Theorie, umso mehr eine Theorie des Stils, «sich gerade auch prospektiv bewähren müßte»[2]. Wo die Architektur ein Gemachtes und Artefakt ist, heißt das umgekehrt, dass die Stile auch nicht einfach abgeschafft werden können. Sie sind immer im Entstehen. Damit erscheint auch die Frage der «Stillosigkeit» in einem anderen Licht. Es gibt theoretische Begriffe, die zentral für das Verständnis der Architektur sind, die sich aber just in dem Moment der Definition entziehen, an dem man sie sicher zu haben glaubt. Stil ist ein solcher flüchtiger Begriff.

RESULTIERENDE Die Frage des Stils ist eine zentrale Frage der Moderne. Aus gutem Grund. Denn Stil ist mehr als nur eine ästhetische Beigabe. 1860 erschien der erste Band von Gottfried Sempers (1803–1879) *Der Stil in den technischen und tektonischen Künsten, oder Praktische Aesthetik*, die erste moderne Architekturtheorie. Interessanterweise begann die moderne

Architekturtheorie mit dem, was sich gerade der Theorie entzieht: dem Stil.

Seitdem haftet dem Stil etwas Abgründiges an, was erklären mag, dass Architekten eine Abneigung haben, darüber zu sprechen, teilweise sind sie geradezu entrüstet, bringt man das Gespräch darauf. So ist auch die Abschaffung des Stils durch die Moderne eines der hartnäckig sich haltenden Klischees. Ein Missverständnis ist, dass die Moderne mit den klassischen Stilen auch den Stil als solches überwunden hätte.

Das war nicht immer so. Stil ist die «Übereinstimmung einer Kunsterscheinung mit ihrer Entstehungsgeschichte, mit allen Vorbedingungen und Umständen ihres Werdens»[3], so Semper. Der Stil entsteht aus dem Prozess des Herstellens von Architektur und seiner symbolischen Überhöhung. Der Stil ist eben kein «Absolutes», sondern «Resultat»[4]. In einem erweiterten Sinne ist er, wie Semper bemerkte, das zu künstlerischer Bedeutung erhobene Hervortreten des Grundthemas und aller inneren und äußeren Koeffizienten.

Wie das zu verstehen ist, das zeigte Semper anschaulich an Schmuck, wie zum Beispiel Ohrringen, Halsketten oder Armbändern. «Wo der Mensch schmückt, hebt er nur mit mehr oder weniger bewußtem Thun eine Naturgesetzlichkeit an dem Gegenstand, den er ziert, deutlicher hervor.»[5] Durch Schmuck kann eine Charaktereigenschaft hervorgehoben werden, die ansonsten verborgen bliebe.

GRIFFEL «Stil ist der Griffel, das Instrument, dessen sich die Alten zum Schreiben und Zeichnen bedienten, daher ein sehr bezeichnendes Wort für jeden Bezug zwischen der Form und der Geschichte ihrer Entstehung.»[6] Mit dem Griffel verwies Semper darauf, dass in die Form immer auch der Prozess oder die Gebärde des Machens eingeht und mit ihr die dem Herstellungsprozess immanente Logik.

Eine große Bedrohung für den Stil erkannte Semper dann in der Maschine. Diese habe die Fähigkeit, die Eigenschaften der Materie zu vernichten, denn der «härteste Porphyr und Granit schneidet sich [heute] wie Kreide, poliert sich wie Wachs, das Elfenbein wird weich gemacht und in Formen gedrückt, Kautschuk und Guttapercha [...] zu täuschenden Nachahmungen der Schnitzwerke in Holz, Metall und Stein benutzt»[7].

Alles scheint durch die moderne Technik möglich, wo diese die bekannten Stilfiguren in einem anderen Material - Semper nannte Kautschuk oder Guttapercha - täuschend ähnlich nachmachen kann. Der Stil ist so nicht mehr Resultat des Herstellungsprozesses, er ist vom Material losgelöst. Nach Semper war die Architektur durch die Maschinenproduktion auf dem direkten Weg in die Stillosigkeit.

Die Architektur gründet dagegen nach Semper in einer eigenen Art der Ablösung von der Materie oder vom Stoff. «Vernichtung der Realität, des Stofflichen, ist nothwendig, wo die Form als bedeutungsvolles Symbol»[8] hervortreten soll. Semper meinte damit nicht die Auflösung der Materialität, sondern deren Transzendierung ins Geistig-Symbolische. Das ist mit Vernichtung der Realität gemeint. Die Funktion des Stils besteht gerade in der Transzendierung der materiellen Präsenz der Architektur ins Symbolische, ohne jedoch die Bindung an die Herstellungsverfahren aufzugeben.

MASKE Wie von Semper befürchtet, lösten sich bis Ende des 19. Jahrhunderts die klassischen Stile mehr und mehr von ihrer materiell-konstruktiven Basis. Übrig blieben sie als Oberflächenphänomene oder «aufgeklatschte Ornamente». Was nicht heißt, dass sie damit überflüssig geworden wären. Georg Simmel (1858–1918) schrieb ihnen 1908 gerade eine eigene Funktion im Leben des modernen Großstädters zu.

«Was den modernen Menschen so stark zum Stil treibt, ist die Entlastung und Verhüllung des Persönlichen.»[9] An der Schwelle zur Moderne machten die klassischen Stile noch einmal einen Funktionswandel mit. Sie werden zu Masken für die durch die Flut an sinnlichen Eindrücken emotional überforderten Großstädter. Sie wählen sich unter den klassischen Stilen einen für ihre Häuser, Möbel oder Kleidung passenden Stil, manchmal auch mehrere, und bedienen sich ihrer als Schutzschilde.

Mit der Maskenhaftigkeit kehrte die rituelle Form des Stils zurück, wie er in Tattoos oder Bemalungen der Alltagsgegenstände in den frühen Kulturen seinen Ursprung hat. Sie dienten der Beschwörung der Geister. Die Stile sind daher immer rituell und unterschwellig maskenhaft. Gerade so schützt sich der Großstädter mit ihnen gegen das Unbekannte, Undurchschaubare und Dämonische der neu entstandenen modernen Massengesellschaft.

Am Ende des 19. Jahrhunderts war dann wenig übrig vom emanzipatorischen Potenzial des Stils, auf dem am Anfang des Jahrhunderts noch die Hoffnungen der sich formierenden bürgerlichen Epoche lagen. Für Karl Friedrich Schinkel (1781–1841) war der Stil Träger von

Bildung und Gefühl. Mit ihm verband sich für ihn in erster Linie ein Bildungsauftrag. Nicht übersehen werden kann, dass die damit verbundene philosophisch-ästhetische Ausrichtung schon eine erste Abschwächung der Bindung des Stils an die materielle Seite der Architektur bedeutete.

•••

Wir sprechen vom Stil Ludwig van Beethovens (1770–1827) oder Frank L. Wrights (1867–1959), aber auch vom Stil der 1950er-Jahre oder der *influencer* der *social media*. Insofern Stil erst im Nachhinein als solcher bestimmt werden kann, heißt das, dass, sobald der Stil einer Zeit oder einer Person erkannt ist, er der Vergangenheit angehört und, wo er sich nicht weiterentwickelt, zur Schablone, zur Manier oder Attitüde herabsinkt. Stillos ist dann die «lehrlingshaft-penible Unterwerfung unter Lehrbuchweisheiten der Stilkunde»[10]. Was zu unterscheiden ist von der irritierenden Stillosigkeit der aktuellen Zeit, die aus dem Bemühen zur Aufnahme des Zeitgenössischen und Aktuellen in die Architektur resultiert, was aber Zeichen eines sich entwickelnden zukünftigen Stils sein kann, der heute, wo er im Entstehen ist, noch nicht erkannt und benannt werden kann.

1 Bazon Brock, «Der Stil der Stillosigkeit», in: *Stilwandel. Stilwandel als Kulturtechnik, Kampfprinzip, Lebensform oder Systemstrategie in Werbung, Design, Architektur, Mode*, hrsg. v. Bazon Brock u. a., Köln: DuMont 1986, S. 61.

2 Ebd., S. 61.

3 Gottfried Semper, «Ueber Baustile», in: Ders., *Kleine Schriften*, Mittenwald: Mäander-Kunstverlag 1979, S. 402.

4 Ebd., S. 402.

5 Gottfried Semper, «Über die formelle Gesetzmäßigkeit des Schmucks», in: Ders., *Kleine Schriften*, a. a. O., S. 305.

6 Gottfried Semper, «Ueber Baustile», in: Ders., *Kleine Schriften*, a. a. O., S. 402.

7 Gottfried Semper, «Wissenschaft, Industrie und Kunst. Vorschläge zur Anregung nationalen Kunstgefühls» [1852], in: Ders., *Wissenschaft, Industrie und Kunst und andere Schriften über Architektur, Kunsthandwerk und Kunstunterricht*, Mainz u. a.: Florian Kupferberg 1966, S. 32.

8 Gottfried Semper, *Der Stil in den technischen und tektonischen Künsten, oder Praktische Aesthetik* [1860], Bd. 1, München: Friedr. Bruckmann's 1878, S. 217.

9 Georg Simmel, «Das Problem des Stiles», in: Ders., *Aufsätze und Abhandlungen 1901-1908*, Bd. 2, Frankfurt/M.: Suhrkamp 1997, S. 382.

10 Bazon Brock, «Der Stil der Stillosigkeit», in: *Stilwandel*, a. a. O., S. 5.

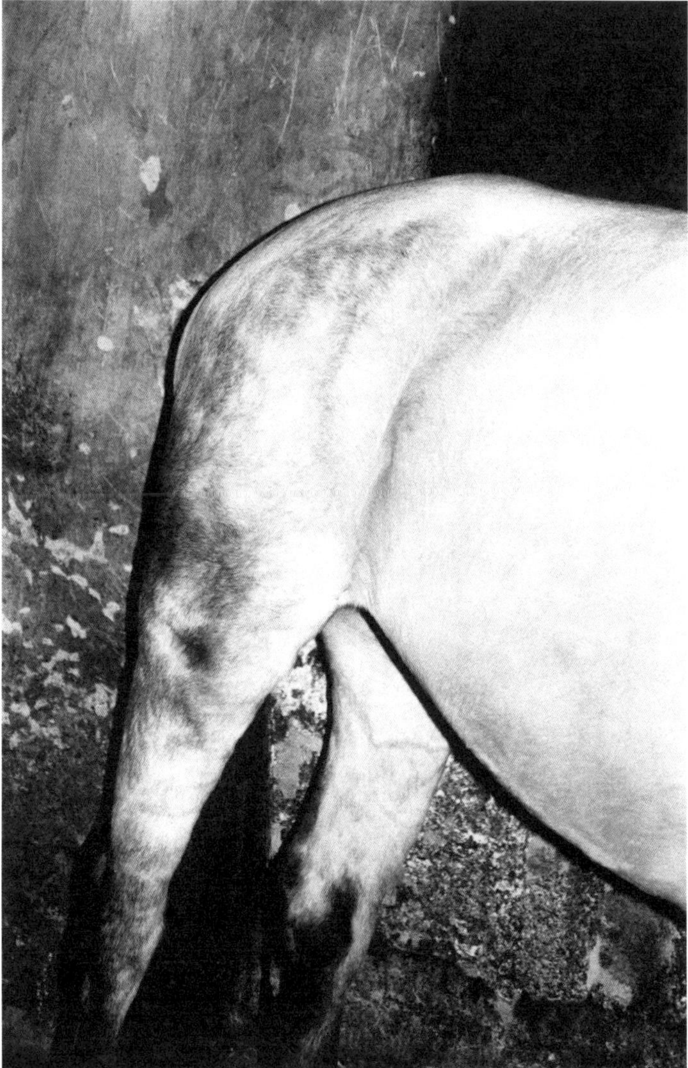

NACHHALTIG

Regelmäßig stellt sich beim Thema Nachhaltigkeit ein gewisser Überdruss ein. Es geht der Nachhaltigkeit wie vielen Begriffen, mit denen sich unbequeme Wahrheiten verbinden. Sie werden schnell zu Schlagwörtern gemacht, damit sie umso leichter entsorgt werden können. Die Begriffe gleichen zuweilen alten Münzen, deren Prägung bis zur Unkenntlichkeit abgegriffen ist, die ihr Bild verloren haben und ohne Kraft zur Inspiration als blankes Metall übrig geblieben und dennoch unersetzbar sind. Nachhaltigkeit ist ein solcher Begriff, von dem nichts weniger als die Rettung der Menschheit erwartet wird, der ideologisch überformt, mit messianischer Heilserwartung und protestantischem Verzichtspathos aufgeladen und seiner Aussagekraft enthoben ist. Es ist eigenartig, aber es haftet der Nachhaltigkeit etwas vom Richtigen im Falschen an.

ZWEIFELHAFTE PRÄMISSEN Was fehlt, das ist eine kritische Theorie der Nachhaltigkeit. Sie hätte erst die Verkrustungen und den Firnis der Ideologisierungen abzutragen, die sich über sie gelegt haben und die Inhalte verdunkeln. Es gälte dann alle Vorurteile, Idealisierungen und zweifelhaften Prämissen wie die

Schichten einer Zwiebel abzuschälen, um zu den anthropologischen Grundlagen vorzudringen, die sich mit der Nachhaltigkeit und der Architektur als jene kulturelle Praxis verbinden, mit der sich der Mensch eine ihm angemessene, lebenswerte Umwelt schafft.

Die Verunsicherung führt dazu, dass man sich an das klammert, was als Mess-, Quantifizier- und Ökonomisierbares für Sicherheit bürgt. So ist der Begriff der Nachhaltigkeit zur leeren Hülse für Ökosystemdienstleistungen, Kosten-Nutzen-Analysen und Zertifizierungen reduziert. Dazu gehört auch der reflexartige Ruf nach Verzicht. Man hält sich an dem fest, was keiner Begründung zu bedürfen und auf der Hand zu liegen scheint und sich gerade deswegen der Ideologie verdächtig macht.

Dagegen gilt es, anstelle von Daten und Meinungen das Grundlegende und damit das anthropologische Prinzip in den Fokus zu nehmen. Warum eigentlich immer wieder reflexartig der Ruf nach Verzicht? Wo doch nachhaltig gerade die in der Verausgabung sich erschöpfende Freude an einer Sache ist, von der eine belebende Kraft und affektive Bindung an die Dinge ausgeht, durch die der Mensch immer wieder aufs Neue sein Verhältnis zur Welt und zu sich bestätigt.

SYMBOLISCHE VERAUSGABUNG Es lässt sich an Georges Bataille (1897–1962) und seinen Begriff der Verausgabung anschließen. In *Die Aufhebung der Ökonomie* setzte Bataille dem Nützlichkeits- und Zweckdenken die «symbolische Verausgabung»[1] entgegen. Nach Bataille sind der Überschuss an Energie und ihre vermeintlich «unproduktive Verausgabung»[2] die treibenden Kräfte des Lebens. So sah er in der Art und Weise des Umgangs mit dem Überschuss an Energie den Schlüssel, mit dem sich das verborgene Gesicht der Kultur erschließt.

Für Bataille war die symbolische Verausgabung das leitende Prinzip von Kunst, Musik und Tanz, aber auch Architektur. Das betrifft nicht nur die großen symbolischen Gebäude, sondern ebenso den Hausbau. Ein Haus zu bauen beginnt mit dem Überschuss an Energie der am Bau Beteiligten und deren gemeinschaftliche Verausgabung. Wo alles so oder anders gemacht werden kann, zeichnet sich der Architekt dadurch aus, dass er sich im Überschuss an Energie verausgabt, der sein Pendant im Überschuss an Form hat. Beide zusammen liegen dem kreativen Akt der Architektur zugrunde.

Bataille verwies auch darauf, dass an die symbolische Verausgabung nichts weniger als die Freiheit des Menschen gebunden ist, ja geradezu deren Grundlage ist. Damit ist einer der Gründe für die aktuelle Krise benannt. Die symbolische Verausgabung in der Eventkultur und Festivalisierung der Freizeit zeigt sich heute als rasender Stillstand und mehr noch als kontraproduktiv, wo sie in der Summe ihrer Nebeneffekte - Treibhausgase, Müllproduktion, Artensterben etc. - gerade die Freiheit des Menschen bedroht, der sie eigentlich zum Ausdruck verhelfen sollte. Wobei ohne Zweifel der Verzicht darauf noch sicherer in Unfreiheit und Barbarei führte.

PERMANENZ Es gehört zur paradoxen Konzeption der Nachhaltigkeit, dass ihr nicht Verzicht, sondern

Verausgabung und damit das Zuviel an Energie ursächlich als treibendes Prinzip eingeschrieben ist. Das tritt an den großen Kathedralen wie der Berliner Philharmonie von Hans Scharoun (1893–1972), den Renaissancepalästen in Venedig oder dem Kölner Dom hervor, gilt aber auch im kleineren Maßstab für jedes einzelne Wohnhaus. Nachhaltig sind sie als Orte der rituellen Verausgabungen des Überschusses an Energie.

Darin gründet der Begriff der Permanenz, den 1966 Aldo Rossi (1931–1997) in *Architektur der Stadt* in die Architekturtheorie eingeführt hat. Er wurde viel beachtet, aber immer mit Argwohn. Dabei ist Permanenz nur ein anderer Begriff für Nachhaltigkeit. Exemplarisch dafür stand bei Rossi der Palazzo della Ragione in Padua. Zu groß, zu hoch, zu massiv und zu teuer war er, als er 1172 bis 1219 in einer kolossalen Verausgabung der Kräfte errichtet und im Lauf der Jahrhunderte immer wieder erweitert und umgebaut wurde. In den Transformationen des Palazzo della Ragione wurde der Überschuss an Energie der Bewohner Paduas absorbiert und produktiv transformiert. Offen für den Wandel der Nutzungen, blieb der Palazzo jedoch in der Aneignung mittels wiederkehrender Alltagsrituale sich gleich.

Permanenz war für Rossi eine Funktion der Offenheit der Struktur und das Gegenteil von kleinteiliger Optimierung von Funktionen. Nachhaltig ist, was in Hinblick auf eine unbekannte Zukunft im scheinbaren Überfluss neue Möglichkeiten der Aneignung und damit Dauer ermöglicht. Rossi sprach auch vom Ritualcharakter des Alltags und bezog sich dafür auf Numa Denis Fustel de Coulanges (1830–1889). Als Grundlage der Permanenz beschwor dieser in *Der antike Staat*[3] die

Einheit von «Baudenkmal, Ritus und Mythos»[4]. Rossi selbst sprach von der Einheit von Gebäudestruktur, Alltagsritual und Erinnerungswert.

•••

Im Zentrum der Frage nach der Nachhaltigkeit steht die Frage nach dem Überschuss an Energie. Er liegt dem Prinzip der Nachhaltigkeit zugrunde. Eine kritische Theorie der Nachhaltigkeit der Architektur hätte dies produktiv zu machen im Sinne der produktiven Umlenkung des Überschusses an Energie auf andere Praktiken und Rituale, im Sinne der Steigerung des Lebens und nicht des Verzichts darauf oder im Sinne von Sigmund Freud (1856-1939) in der Sublimierung. Umwertung des Überschusses an Energie ist das große gesellschaftliche Projekt der Zukunft.

1 Georges Bataille, *Die Aufhebung der Ökonomie* [1967], übers. v. Traugott König u. a., München: Matthes & Seitz 2001, S. 15.

2 Ebd., S. 38.

3 Numa Denis Fustel de Coulanges, *Der antike Staat. Studie über Kultus, Recht und Einrichtungen Griechenlands und Roms* [1864], übers. v. Paul Weiss, Graz: Akademische Druck- und Verlagsanstalt 1961.

4 Aldo Rossi, *Die Architektur der Stadt. Skizze zu einer grundlegenden Theorie des Urbanen* [1966], übers. v. Arianna Giachi, Basel: Birkhäuser 2015, S. 16.

ÜBERGANGSRITEN

Das 21. Jahrhundert hat sein Jahrhundertereignis, das die Ordnung der Dinge umstürzt und mit dem Modell der Zeit auch unseren Standort darin mit sich reißt. Nur die Schockstarre, in die die Pandemie versetzt, verhindert den Sturz. Wir machen eine Erfahrung extremer Komprimierung der Zeit, die zuweilen ihren Lauf umzukehren scheint. In provokativer Absicht postulierte vor einiger Zeit schon der Soziologe Bruno Latour (1947–2022): «Wir sind noch nie modern gewesen.»[1] Aber vielleicht sind wir ja gerade erst jetzt dabei, der Moderne eine Chance zu geben. Mit der Impfung von Milliarden von Menschen sind wir Teil eines nie da gewesenen kollektiven Ereignisses, eines globalen Rituals, das, wie alle großen Rituale, Übergangsritual ist.

LES RITES DE PASSAGE Einmal ausgesprochen, wird man den Gedanken nicht mehr los, dass die aktuelle Zeit und ihre Phänomene Teil eines Ereignisses sind, mit dem der Mensch in ein neues Verhältnis mit sich und der Welt tritt. Mit dem Coronavirus sind die Alltagsrituale zwischen innen und außen, öffentlich und privat, Arbeit und Freizeit suspendiert. An ihre

Stelle scheint mit dem Lockdown die durchschlagende Kraft eines globalen, die ganze Menschheit vereinigenden Rituals zu treten. Selbst die Weltreligionen mit ihren Ritualen reichen an die globale Dimension der Pandemie nicht heran.

Es lohnt sich ein Blick in das 1909 von dem Anthropologen Arnold van Gennep (1873–1957) veröffentlichte Buch *Übergangsriten* oder *Les rites de passage.* In ihm beschreibt van Gennep die Welt der Riten in ihrer identitäts- und gemeinschaftsstiftenden Funktion. Auch wenn er seine Beispiele den «halbzivilisierten Gesellschaften»[2] entnahm, so war damit auch die eigene Zeit gemeint, die sich nur wenige Jahre nach Erscheinen des Buchs im kollektiven Übergangsritual des Ersten Weltkriegs aufrieb.

Die Architektur spielte dabei für van Gennep eine zentrale Rolle. In ihr sah er in erster Linie eine Kulturtechnik der Rituale und stellte die ritualbildende über die raumbildende Funktion. Man kann die «Gesellschaft mit einem Haus vergleichen, das in Zimmer und Flure unterteilt ist»[3]. Es gibt große und kleine Räume, Korridore und Treppenräume, Keller und Dachböden, ein jedes Ort von Ritualen, besonders in den Übergängen, auf den Schwellen dazwischen. Von Raum zu Raum gehend findet jeweils ein Übergang von einer «magisch-religiösen oder sozialen Situation zur anderen»[4] statt.

SCHWELLEN Van Gennep unterschied drei Klassen von Ritualen wie Trennungsrituale, Schwellen- und Übergangsrituale und Angleichungsrituale. Den Schwellen- und Übergangsritualen kommt dabei eine besondere Stellung zu. Ohne sie gäbe es weder

Trennungsrituale auf der einen, noch Angleichungsrituale auf der anderen Seite. Ob Stadttor, Pronaos, Türschwelle oder scheitrechter Bogen, auf der Schwelle befindet man sich «zwischen zwei Welten»[5]. Mehr als in den Räumen, so van Gennep, sind dort Leben und Architektur aufs Innigste verknüpft, sie sind die Orte, die dem Leben Struktur und Rhythmus geben.

Van Genneps Interesse galt der konkreten Architektur, nicht der Architektur als Metapher. So beschrieb er, wie in traditionellen Gesellschaften die Schwellen opak und die Schwellenrituale zeremonial und sakral sind. In diesen Gesellschaften überwiegen die Rituale, die innerhalb der Räume vollzogen werden, während die Übergangsrituale auf der Schwelle erschwert sind und diese tiefe Einschnitte im Leben darstellen.

Je entwickelter aber eine Gesellschaft, umso dünner sind die «Trennwände zwischen den Zimmern und um so weiter stehen die Türen der Kommunikation offen»[6]. Aus anthropologischer Sicht zeigte sich für van Gennep die Moderne durch Abschwächung der Ritualfunktion der Räume und Erleichterung der Schwellenrituale – und je dünner die Wände, umso offener die Gesellschaft. Die Kopplung von Materialität und Herrschaftsform ist suggestiv, wirft aber besonders für die moderne Architektur Fragen auf.

ÜBERGANGSRITUALE Man kommt nicht umhin, aber mit den Bürgertests und Impfungen kehrt das Massenritual in die Öffentlichkeit zurück und damit das, was die Moderne, trotz der Ersatzrituale der Kultur- und Unterhaltungsindustrie, den Menschen lange vorenthalten hat. Auf der einen Seite wie bisher der Raum der Moderne, auf der anderen Seite der offene Erwartungshorizont mit seinen neuen Verheißungen, deren Umrisse sich in den Begriffen von Post-Karbon-Gesellschaft und künstliche Intelligenz, Klimaneutralität und Generationengerechtigkeit schemenhaft abbilden.

Das Gefühl einer Epochenschwelle, die die Geschichte verändert, macht sich breit. Denn kein Schwellenritual lässt die Dinge unverändert. Es macht Geschichte, indem es die Geschichte unterbricht und in deren Ordnung eingreift. Es gibt gute Gründe, in der Spätmoderne oder der Postmoderne, die als kritische Moderne seit den 1950er-Jahren entstanden ist, nicht mehr den Höhepunkt der Moderne zu sehen, als vielmehr, im Sinne von van Gennep, die Phase eines Übergangsrituals, durch die langfristig die Fetische der Moderne wie Automobil, Erdöl, Atom und Beton durch neue ersetzt werden.

Schaut man sich die Debatten der vergangenen Jahrzehnte an, so ragt dort die Erkenntnis des Soziologen Norbert Elias (1897–1990) heraus, der vom Rückzug in die Gegenwart sprach, dass die meisten Menschen sich «nicht mehr als Glied in der Kette der Generationen» sehen, dass sie dadurch aber auch «die Fähigkeit verloren haben, die Zukunft zu denken»[7]. Mit der Sorge um den Planeten Erde scheint hier ein Umdenken einzusetzen und der Horizont sich wieder zu weiten, jetzt im Bewusstsein der möglichen Endlichkeit der menschlichen Existenz.

•••

Von heute aus kann die Postmoderne, die mit der Posthistoire das Ende der Geschichte proklamierte, als Teil eines Trennungsrituals verstanden werden, in dem sich die Moderne des 20. Jahrhunderts in einer weiteren Schärfung ihres Konzepts, kritisch gegen sich und ihre Defizite gewendet, gleichsam selbst zu überwinden versucht hat. Es ist eigenartig, aber vielleicht verstehen wir heute erst, rückblickend, was Theodor W. Adorno (1903–1969) damit meinte, dass nach Auschwitz ein Gedicht zu schreiben «barbarisch»[8] sei. Die Trennungsrituale verengen erst den Zukunftshorizont, die Schwellenrituale öffnen diesen wieder.

1 Bruno Latour, *We have never been modern*, übers. v. Catherine Porter, Cambridge, Massachussetts: Harvard University Press 1993.

2 Arnold van Gennep, *Übergangsriten (Les rites de passage)*, Frankfurt/M. u. a.: Campus 1986, S. 34.

3 Ebd., S. 34.

4 Ebd., S. 28.

5 Ebd., S. 27.

6 Ebd., S. 34.

7 Norbert Elias zitiert nach: Markus S. Schulz, «Introduction: Global Sociology and the Struggles for a Better World», in: *Global Sociology and the Struggles for a Better World*, hrsg. v. Markus S. Schulz, Los Angeles u. a.: SAGE Publishing, 2019, S. 2.

8 Theodor W. Adorno, «Kulturkritik und Gesellschaft», in: Ders., *Gesammelte Schriften in 20 (23) Bänden,* Bd. 10.1, Darmstadt: Wissenschaftliche Buchgesellschaft 1998, S. 30.

THEORIE

Eine Frage steht im Raum. Für was benötigen wir Architekturtheorie. Und überhaupt, was ist eigentlich Architekturtheorie? Eine oft gestellte und berechtigte Frage, umso mehr, als ein Philosophieprofessor vor einiger Zeit in polemischer Form anmerkte: «Untertheoretisierung ist natürlich nicht immer ein Mangel. Man muss nicht für alle Dinge und auf allen Gebieten eine Theorie haben.»[1] Das stellt der Architekturtheorie keinen guten Leumund aus. Dabei könnte er sogar recht haben. So ist seit einiger Zeit eine theoretische Orientierungslosigkeit zu beobachten, obwohl mehr denn je gebaut wird. Das zeigt sich auch in den schnell aufeinander folgenden Begriffsneuprägungen wie zum Beispiel *connectedness* oder *entanglement* oder *Chthulucene*, die sich mehr durch ihren poetisch-metaphorischen Gehalt auszeichnen und so schnell, wie sie erschienen sind, auch wieder verschwinden.

GEGENSTAND UND THEORIE Es gibt keine Architektur ohne Theorie. Das hat seine Ursache in der Architektur als Artefakt. Sie ist «Gebilde von Menschenhand»[2]. Sie ist immer gemacht oder hergestellt und eben nicht natürlich gegeben. Für die Erhaltung seiner selbst, als Individuum und politisches Gemeinwesen, schafft sich der Mensch mittels Architektur für seine sich ändernden wie auch gleichbleibenden Bedürfnisse eine angemessene Umwelt. Er ist angewiesen auf «Gegenständlichkeit und Objektivität»[3], die die Bedingungen sind, auf denen seine Existenz gründet.

Mit Hannah Arendt lässt sich feststellen, dass in der Dingwelt «menschliches Leben zu Hause [ist], das von Natur in der Natur heimatlos ist»[4]. Der Mensch muss die Grundlagen seiner Lebensfristung selbst erzeugen. Dazu muss er sich Werkzeuge, Geräte, Maschinen und Institutionen wie Parlamente, Vereine und Familie schaffen. Und die Architektur ist eine solche Institution oder ein solches Werkzeug, das das Leben erst ermöglicht.

Wo sie gemacht ist, gründet die Architektur in theoretischen Modellen und Grundsätzen, wie man ein Gebäude errichtet, mit welchen Mitteln und zu welchen Zwecken. Denn irgendjemand, zumindest der Architekt, muss sich doch beim Bauen etwas denken, wie man die verschiedenen Elemente und Materialien systematisch so bearbeiten kann, um sie hinterher so miteinander zu kombinieren, dass ein Gebäude entsteht. Der Architekt folgt dabei immer Modellen des Denkens der Materie, der Form und der Gemeinschaft. Diese sind Ausgangspunkte für sein Handeln, so unbewusst dies auch sein mag.

THEORIE UND PRAXIS Ein Blick in die Geschichte kann hier erhellend sein. So schreibt Aristoteles (384–322 v. Chr.), dass das «Vermögen zu Bauen eine *Kunst* und ein mit Vernunft verbundener Habitus des Hervorbringens»[5] ist. Als Artefakte sind Gebäude immer ein mittels Vernunft und damit Theorie Konzipiertes. Und selbst der Gebrauch der Architektur folgt vorgeprägten Modellen und Schemata; er folgt großen und kleinen, bewussten und unbewussten Ritualen, die das Handeln des Menschen strukturieren.

Architektur ist daher immer theoretisches Objekt. So lassen sich vier Grundzüge der Theorie benennen: 1., als mit wahrer Vernunft verbundener Habitus zielt die Theorie auf Praxis. Wo die Dingwelt in ihrer Materialität sich aber auch widerständig gegen die Vereinnahmung durch die Praxis zeigt, wirkt die Praxis wiederum auf die Theorie zurück. Sie wird durch die Dinge auf sich selbst zurückgeworfen. Dadurch wird Theorie reflexiv. Theorie und Praxis stehen in einer reziproken Beziehung zueinander. Wo sie auf Praxis zielt, besitzt Theorie, 2., eine Zukunftsorientierung. Für die Architektur als mit Vernunft Hervorgebrachtes ist Theorie die Bedingung für die Möglichkeit für Architektur schlechthin. Als solche ist Theorie, 3., Quelle der Kreativität. Kreativität in der Architektur zeigt sich im Kern als theoriegeleitet. Die Wechselwirksamkeit zwischen Praxis und Theorie vorausgesetzt, ist Praxis dann, 4., theoriebildend. Entwurfsprozesse sind Theoriebildungsprozesse. Große Architekten sind so sehr große Theoretiker, wie sie große Entwerfer sind.

PRAXIS UND WISSENSCHAFT Man muss zwischen Theorie als Praxis und Theorie als Wissenschaft unterscheiden. Die Theorie als Praxis liegt oft als implizites Wissen oder «Erfahrungswissen»[6] vor, während Theorie als Wissenschaft darauf zielt, gerade das implizite theoretische Wissen zur Sichtbarkeit zu bringen. In kritischer Erkenntnisabsicht fragt sie nach der der Architektur zugrunde liegenden Vernunft oder auch Unvernunft, die ja in jedem Werk mit am Werk ist. Wobei man von der Vernunft im Plural sprechen muss, wo in der Architektur auf vielfältige Weise die unterschiedlichsten Wissensformen sich verdichten und sich gegenseitig verschränken und sich in Form und Raum materialisieren.

Architekturtheorie in diesem Sinne möchte das implizite Wissen explizit machen, ins Bewusstsein und zur Sprache bringen und so den Prozess der Architektur dem Denken zugänglich machen. Vielleicht meint der Begriff Untertheoretisieren gerade, dass, im Sinne von Aristoteles' Habitus, dem Entwerfen die Theorie implizit ist. Woraus resultiert, dass Architektur nicht immer theoretisch neu erfunden werden muss. Das hat seine Berechtigung, das dient der Ökonomie, aber auch einem gewissen Standard des Bauens. Das hat aber auch seinen Preis, denn Untertheoretisierung als Verzicht auf aktive Theoriebildung bedeutet nichts anderes als Verzicht auf Kreativität.

Theorie gründet in der Übersetzung der Prinzipien der Praxis in Sprache. Sie benennt die Dinge, sie ist Arbeit am Begriff. In der klassischen Rhetorik spricht man von Ekphrasis, der Übertragung von sinnlicher Erfahrung in sprachliche Artikulation. Theorie als Ekphrasis, das ist die analytische Seite. In ihrer Orientierung auf und Übertragung in die Praxis meint Theorie aber auch so viel wie «Überwindung des Wortcharakters»[7] und damit umgekehrte Ekphrasis. Das macht die synthetische und kreative Seite und den Praxisbezug im Sinne der Übertragung von theoretischem Wissen in konkretes architektonisches Handeln aus.

•••

Wo die Theorie auf die sinnliche Erscheinung von Ideen in Materie und Form gerichtet ist, zeigt sich, dass Theorie nicht nur logisch und erkenntnisorientiert, sondern auch sinnlich und ästhetisch ist. Steht die Frage der Angemessenheit der Architektur dem Menschen gegenüber im Zentrum, so ist die Theorie anthropologisch ausgerichtet. Mit Erkenntnistheorie, Ästhetik und Anthropologie sind dann die drei Ebenen der theoretischen Reflexion der Architektur benannt.

1 Fred Rush, *On Architecture*, New York u. a.: Routledge 2009, S. ix.

2 Hannah Arendt, *Vita activa oder Vom tätigen Leben*, München: Piper 1981, S. 18.

3 Ebd., S. 16.

4 Ebd., S. 16.

5 Aristoteles, *Nikomachische Ethik*, 1140a, in: Ders., *Philosophische Schriften*, Bd. 3, Darmstadt: Wissenschaftliche Buchgesellschaft 1995, S. 134.

6 Günter Abel, «Die Wissensformen der Architektur», in: *Die Architektur der Theorie. Fünf Positionen zum Bauen und Denken*, hrsg. v. Dieter Eckert, Berlin: DOM Publishers 2014, S. 53.

7 Jörg H. Gleiter, «Produktives Scheitern der Ekphrasis», in: *Betrachtungen der Architektur. Versuche in Ekphrasis*, hrsg. v. Tim Kammasch, Bielefeld: Transcript 2020, S. 235.

EINFÜHLUNG

Man glaubt die Empörung zu spüren: Einfühlung, da sind wir doch längst darüber hinaus. Tatsächlich ist die Einfühlung gegen Ende des 19. Jahrhunderts im Kontext der neuen Wissenschaften der Psychologie und der experimentellen Physiologie zum Thema geworden. Die Einfühlungstheorien knüpften dafür an die Physiognomie von Johann Caspar Lavater (1741–1801) aus dem 18. Jahrhundert an, ihren Ausgangspunkt haben sie dagegen weiter zurück im pantheistisch motivierten Anthropomorphismus der Antike. Alles Anzeichen dafür, dass die Einfühlung ein Grundbegriff ist, zumal der Begriff in letzter Zeit in die Debatten zurückgekehrt ist, in gewandelter Gestalt, aber im Kern sich gleichbleibend – auch dies Zeichen eines Grundbegriffs. Dass die Einfühlung heute in negativ-ästhetischer Wendung und Umkehrung ihrer ursprünglichen Konzeption wirkmächtig ist, wirft ein kritisches Licht auf die Architektur und ihre theoretische Grundlegung.

LEIBLICHE ORGANISATION Die Einfühlungstheorien sind, wenig Zweifel besteht daran, ein Phänomen der Übergangszeit zur Moderne. Sie hatten die Funktion eines Katalysators, durch den die Moderne ihre ästhetische Konzeption schärfte. In einer sich wandelnden Welt stellte sich am Leitfaden der Einfühlung die Frage nach der Beziehung des Menschen zu den Dingen und zu sich selbst. Es verband sich mit der Einfühlung eine historische Zeitenwende. Die Theorie der Architektur war vorher und hinterher nicht mehr dieselbe.

Robert Vischer (1847–1933) hatte 1873 die Einfühlung in die ästhetische Theorie eingeführt und als «ein unbewußtes Versetzen der eigenen Leibform und hiermit auch der Seele in die Objektsform»[1] definiert. Daran knüpfte Heinrich Wölfflin (1864–1945) 1886 in *Prolegomena zu einer Psychologie der Architektur* an und fragte, wie es möglich ist, «daß architektonische Formen Ausdruck eines Seelischen, einer Stimmung sein können?»[2] Wilhelm Worringer (1881–1965) war es dann, der die ästhetische Theorie zu einer allgemeinen Kulturtheorie erweiterte, indem er die Einfühlung um den Aspekt der Abstraktion ergänzte.

Nach Wölfflin stand im Zentrum der Einfühlung die Physiomotorik des menschlichen Körpers. In ihr erkannte er die eigentliche Instanz des Ausdrucks der Dinge. Wahrnehmung ist nicht nur bildhafte Vorstellung oder Idee einer Sache, wie Vischer noch in enger Orientierung an Kants Ästhetik vertreten hatte. Wölfflin zeigte dagegen, wie das optische Sehen beim Menschen immer eine physiomotorische Spannung auslöst. Es ist «unsre leibliche Organisation [...] die Form, unter der wir alles Körperliche auffassen»[3].

BESEELUNG Wahrnehmung gründet in der «Selbsterfahrung»[4] des Betrachters. Tragen und Lasten, Druck und Gegendruck, Masse und Volumen, Vertikalität und Horizontalität, Proportion und Ornament sind demnach durch die Erfahrung bestimmt, die der Mensch mit und an seinem Körper macht. Die Gesetze der formalen Ästhetik sind nichts anderes «als die Bedingungen, unter denen uns allein ein organisches Wohlbefinden möglich scheint»[5].

Wölfflin gab dafür ein eingängiges Beispiel. «Wir haben Lasten getragen und erfahren, was Druck und Gegendruck ist, wir sind am Boden zusammengesunken, wenn wir der niederziehenden Schwere des eigenen Körpers keine Kraft mehr entgegensetzen konnten, und darum wissen wir das stolze Glück einer Säule zu schätzen und begreifen den Drang alles Stoffes, am Boden formlos sich auszubreiten.»[6] Das ist pathetisch formuliert. Dennoch, «unwillkürlich beseelen wir jedes Ding»[7], wie Wölfflin insistierte. Das geht so weit, dass wir in die Dinge ein Subjekt hineinlegen, das wiederum uns anspricht.

Dies steht in einer Linie mit der Idee des Anthropomorphismus der Antike, dass zum Beispiel die Säule die Verkörperung der menschlichen Gestalt ist, nämlich männlich, weiblich, kindlich oder dorisch, ionisch, korinthisch. Ähnliche Ansätze finden sich in romantischen Märchen, in denen die Dinge der Natur beseelt sind. Weshalb Vischer auch vom «pantheistischen Drang»[8] sprach. Mittels Beseelung und Animation der Dinge in Bildgeschichten wird auch im Kleinkindalter der Weltbezug eingeübt. Diesem nur scheinbar entwachsen, spricht man heute von der Anthropologie der Dinge, vom Eigenwillen oder -sinn oder von der Agency der Dinge.

Franz Sales Meyer, «Karyatiden», aus: *Ornamentale Formenlehre*, Leipzig 1883

ABSTRAKTION Es zeigen sich aber auch die Grenzen der Einfühlung. Denn mit der positiven Einfühlung in die Dinge kann nur ein Teil der Phänomene in der Architektur erklärt werden. Es gibt auch Architekturen, in die sich einzufühlen schwierig ist, wie die «tote Form einer Pyramide» oder die «byzantinischen Mosaiken»[9].

Hier setzte Worringer an, indem er 1908 in *Abstraktion und Einfühlung* dem organischen Einfühlungsdrang den anorganischen Abstraktionsdrang entgegensetzte. Der Einfühlungsdrang ist positiv und setzt ein «glückliches pantheistisches Vertraulichkeitsverhältnis zwischen dem Menschen und den Außenerscheinungen»[10] voraus. Ungleich aufregender ist der Abstraktionsdrang, weil er in der Entfremdung des Menschen von der Natur seinen Ursprung hat. Der Mensch, dem die Welt feindlich gegenübersteht, sucht die Schönheit «im lebensverneinenden Anorganischen» und in der «abstrakten Gesetzmäßigkeit»[11].

Und das galt besonders für die Moderne. Die Konstruktionen aus Eisen und Stahl, später auch die scharfkantigen, weißen und abstrakten Formen der modernen Architektur verweigerten sich der Einfühlung. Worringer sah die Ursache dafür in der Verunsicherung des Menschen, die den Abstraktionstrieb auslöst, «der dem Einfühlungstrieb direkt entgegengesetzt ist und der das, worin das Einfühlungsbedürfnis seine Befriedigung findet, gerade zu unterdrücken versucht»[12].

Die *weiße Moderne* lässt sich mit Wilhelm Worringer als Reaktion auf die Entfremdung des Menschen durch die Industrialisierung erklären, wozu die neuen, unsinnlichen Materialien wie Eisen und Beton, die Maschinenproduktion und die Traumatisierung durch den Ersten Weltkrieg gehören. Die Moderne resultiert aus den «psychologischen Entstehungsbedingungen»[13] ihrer Zeit und ist dem Einfühlungsdrang, der das 19. Jahrhundert dominierte, entgegengesetzt. Als Ausdruck des Abstraktionsdrangs ist die Moderne alles andere als verarmt, seelen- und fantasielos. Sie bricht auch nicht etwa mit der Vergangenheit, sondern ist eingebunden in die Geschichte und ihre Pendelbewegung zwischen Abstraktion und Einfühlung.

•••

Abstraktion und Einfühlung sind aber keine ästhetischen Prinzipien, die sich gegenseitig ausschlössen. Sie durchdringen sich in unterschiedlicher Ausprägung. Das zeigt sich heute zum Beispiel in der Hochhausarchitektur wie dem 56 Leonard Street Building in New York oder dem Maha Nakhon Building in Bangkok. Ihre abstrakten geometrischen Formen erzielen ihre stärksten emotionalen Effekte geradezu im Widerspruch zum Einfühlungsdrang, wo die in schwindelerregender Höhe überstehenden, überhängenden und auskragenden Gebäudevolumen dem körpervermittelten Gefühl für Schwerkraft und Standfestigkeit widersprechen. Sie setzen den Betrachter einer permanenten Erregung aus, indem sie im Sinne einer negativen Wendung das Gefühl für Einfühlung umkehren und den Betrachter in äußerste körperliche Spannung versetzen.

Alle Zitate aus: *Einfühlung und phänomenologische Reduktion. Grundlagentexte zu Architektur, Design und Kunst*, hrsg. v. Thomas Friedrich u. Jörg H. Gleiter, Münster: LIT 2007.

1 Robert Vischer, «Über das optische Formgefühl» [1873], a. a. O., S. 39.

2 Heinrich Wölfflin, «Prolegomena zu einer Psychologie der Architektur» [1886], a. a. O., S. 71.

3 Ebd., S. 79.

4 Ebd., S. 73.

5 Ebd., S. 79.

6 Ebd., S. 73.

7 Ebd., S. 74.

8 Robert Vischer, «Über das optische Formgefühl» [1873], a. a. O., S. 57.

9 Wilhelm Worringer, «Abstraktion und Einfühlung. Ein Beitrag zur Stilpsychologie» [1908], a. a. O., S. 130.

10 Ebd., S. 131.

11 Ebd., S. 124.

12 Ebd., S. 131.

13 Ebd., S. 134.

UMWELTEN

Umwelt hat Konjunktur. Es stellt sich die Frage, was Umwelt ist, und vor allem, wie viele es davon gibt. Folgt man Jakob Johann von Uexküll (1864–1944), Begründer der Ökologie, so haben die Lebewesen ihre je eigenen Umwelten. Die Umwelt des Menschen ist nur eine davon. Das steht im Gegensatz zur Einheit aller Lebewesen, die in der Schöpfungsgeschichte erzählt wird. Aber «eine Zeit und ein Raum, die für alle Lebewesen gleich wären»[1], gibt es nicht. Voraussetzung für Umweltpolitik ist dann, erst einmal die vielen Umwelten anzuerkennen. Aber auch, dass nicht nur die Lebewesen, sondern auch die Artefakte – Dinge, Gebäude, Städte und künstliche Intelligenz – eigene Umwelten ausbilden.

UMWELT Wie fatal es ist, von *der* Umwelt zu sprechen, das zeigte von Uexküll am Beispiel der Zecke. In *Streifzüge durch die Umwelten von Tieren und Menschen* stellte er 1934 fest, dass zum Leidwesen des Menschen die Zecke in den landschaftlich schönsten Gegenden lebt und die Harmonie zwischen Menschen und Natur stört. Aber sie macht das nicht mutwillig. Denn sie weiß nichts davon, sie hat kein Sensorium für das Schöne,

Beruhigende oder Erhabene der Natur, wie der Mensch sie sich zur Landschaft transformiert hat.

Die Zecke lebt in ihrer eigenen Umwelt. Ihre Rezeptionsorgane machen sie sensibel und reaktionsfähig nur für drei Reize: Das ist der Geruch von Buttersäure, den Säugetiere ausdünsten, das ist deren Temperatur und die Eigenschaft ihrer Haut. Das und nichts mehr macht die Umwelt der Zecke aus. Kommen die ersten zwei Reize zusammen, weil ein Säugetier unter der Zecke vorbeiläuft, dann stürzt sie sich augenblicklich von ihrem Ast, auf dem sie lange auf der Lauer gelegen hat, beißt sich in der Haut fest und saugt sich voll Blut.

Wie klein die Umwelt der Zecke ist, zeigt sich daran, dass sie nicht einmal Blut von anderen Flüssigkeiten unterscheiden kann. Ist sie auf dem Säugetier gelandet, dann geht sie nach der Temperatur. Es könnte aber auch Wasser oder Benzin sein, was sie da aufsaugt, sie hat dafür kein Sensorium. Es ist also allein die Wahrnehmungsfähigkeit, die darüber entscheidet, was die Umwelt der Tiere ausmacht. Das gilt auch für den Menschen, dem nach Friedrich Nietzsche (1844–1900) «noch nicht festgestellte[n] Thier»[2].

Umwelten sind subjektiv, die Voraussetzung dafür ist die Fähigkeit zur Reizübertragung. Von Uexküll spricht auf der Seite der Rezeption von der Merkwelt und auf der Seite der Reaktion von der Wirkwelt. Zecke, Spinne oder Fliege leben wohl in der vom Menschen wahrnehmbaren Umgebung, sie leben deswegen noch lange nicht in derselben Umwelt.

NATUR Von Uexkülls Untersuchungen zur Umwelt der Tiere hat ihre Parallele sowohl in der Quantenphysik wie auch in der künstlerischen Avantgarde. Denn wie diese erschütterten auch von Uexkülls Forschungen an der Zecke den Glauben an eine einheitliche Welt. Wo die menschliche nur eine der vielen Umwelten ist, muss man die anthropozentrische Perspektive auf *die* Welt aufgeben. Giorgio Agamben (*1942) geht dabei so weit und spricht von der «radikalen Enthumanisierung der Natur»[3].

Für die vielen Umwelten gibt es keinen einheitlichen Raum noch eine einheitliche Zeit. In einem Laborexperiment hat man festgestellt, dass die Zecke ohne Nahrungsaufnahme und in völliger Abkapselung von ihrer Umwelt mehr als achtzehn Jahre überleben kann. Die Zeit geht an ihr quasi spurlos vorbei, sie existiert außerhalb der Zeit. Die Sprache kennt dafür nicht einmal einen passenden Begriff. Von einem «schlafähnlichen Zustand»[4] oder einer «Wartezeit»[5] zu sprechen, wäre purer Anthropozentrismus.

Mensch und Tier teilen sich weder dieselbe Zeit noch denselben Raum. «Das Wirkmal löscht das Merkmal aus»[6], so von Uexküll. Ohne Reiz von außen lebt die Zecke ohne Beziehung zu anderem, es existiert für sie kein Raum. Sie hat wohl einen Körper, aber kein Sensorium für diesen. Die Biologie führt uns hier an die Grenzen des Denkbaren, denn die Kategorien von Raum und Zeit lösen sich auf. Was nicht nur nebenbei die Lehre Kants bestätigt, dass Raum und Zeit subjektive Größen sind.

Außerhalb des Lebens gibt es also keine absolute Zeit und keinen absoluten Raum; Zeit und Raum sind bedingt durch die Wahrnehmungsfähigkeit des Subjekts. Es wäre illusorisch anzunehmen, so von Uexküll, dass Raum und Zeit Voraussetzung für das Leben sind, wo diese erst durch das Leben entstehen. «Ohne ein lebendes Subjekt kann es weder Raum noch Zeit geben»[7], sie sind abhängig vom Subjekt.

LANDSCHAFT Wenn man angesichts der Erkenntnis der Vielzahl von Umwelten vom Ende des Anthropozentrismus sprechen möchte, gilt es gleichwohl festzustellen, dass der Anthropozentrismus selbst schon Resultat einer weitgehenden Bewusstseinsänderung ist. Ihren Anfang hatte diese zu Beginn der Neuzeit mit der Besteigung des Mont Ventoux am 26. April 1336 durch den Mönch Francesco Petrarca (1304-1374). Als Pilgerreise geplant, um Gott auf dem Gipfel des Bergs näher zu sein, erschütterte dagegen die Reise nachhaltig das mittelalterliche Selbst- und Gottesbild.

Beim Blick von oben bemerkte Petrarca, wie er begann, anstelle des Werks Gottes das unter ihm ausgebreitet liegende Werk des Menschen, Felder, Straßen und Dörfer, zu bewundern. Petrarca sprach vom «Kampf des neuen Willens gegen den alten»[8]. Bis dahin wurde die Natur als Reich «der höheren Macht, ja gleichsam als eine übermenschliche Stufe des Daseins, als Gott»[9] verehrt. Jetzt wandelte sich die göttliche, Furcht einflößende Natur zur menschlichen Landschaft. Es veränderte sich das Bewusstsein des Menschen von sich und seiner Stellung in der Welt.

Die Bewunderung des Irdischen war ein Affront gegen Gott. Schockiert über sich selbst, brach Petrarca den Gedanken ab. Aber dieser war schon in der Welt. Für den Wandel des menschlichen Bewusstseins fand dann Johann Wolfgang von Goethe (1749-1832) ein eindringliches Bild. Mit dem Ziel der Überwindung der letzten Reste des mittelalterlichen Glaubens gibt in *Wahlverwandtschaften* Charlotte dem Architekten die Anweisung, den Kirchhof von den Grabsteinen freizuräumen und diese an die Kirchenmauer zu stellen.

Charlotte hatte so «zu ordnen gewusst, daß es ein angenehmer Raum erschien, auf dem das Auge und die Einbildungskraft gerne verweilten»[10]. Nach ihren Plänen sollte der freigeräumte Kirchhof in den nach englischem Vorbild neu angelegten Landschaftsgarten integriert werden. Durch das «Offene» der Landschaft sollte die Ordnung der Dinge, wie sie bisher bestand und Natur und Gesellschaft gleichermaßen galt, herausgefordert werden. Das ahnte Eduard, Charlottes Ehemann, der angesichts der sich im neuen Landschaftsgarten ankündigenden neuen Ordnung der Dinge, in einem Anflug von Wehmut, resigniert die Hand Charlottes drückte, «im Auge stand ihm eine Träne»[11].

•••

Heute ist die Ordnung der Dinge einem weiteren umfassenden Wandel ausgesetzt. Wo vor Kurzem noch liebliche Landschaften waren, sehen wir vernetzte, zerstörte und von unwiederruflicher Auslöschung bedrohte Umwelten. Es sind aber auch neue Umwelten im Entstehen, wie die Umwelten der künstlichen Intelligenz und der autonom fahrenden Automobile, alle mit ihrem eigenen Sensorium, alle mit ihren eigenen Merk- und Wirkmalen. Es wird sichtbar, dass zusammen die Umwelt des Menschen, die Umwelten der Tiere und die Umwelten der Dinge das System Erde bilden.

1 Giorgio Agamben, *Das Offene. Der Mensch und das Tier*, übers. v. Davide Giuriato, Frankfurt/M.: Suhrkamp 2003, S. 50.

2 Friedrich Nietzsche, *Sämtliche Werke. Studienausgabe*, hrsg. v. Giorgio Colli u. Mazzino Montinari, Bd. 5, *Jenseits von Gut und Böse*, Drittes Hauptstück: Das religiöse Leben, Aph. 62, München: dtv 1999, S. 81.

3 Giorgio Agamben, *Das Offene. Der Mensch und das Tier*, a. a. O., S. 49.

4 Jakob von Uexküll u. a., *Streifzüge durch die Umwelten von Tieren und Menschen. Ein Bilderbuch unsichtbarer Welten* [1934], Hamburg: Rowohlt 1956, S. 30.

5 Giorgio Agamben, *Das Offene. Der Mensch und das Tier*, a. a. O., S. 56.

6 Jakob von Uexküll u. a., *Streifzüge durch die Umwelten von Tieren und Menschen. Ein Bilderbuch unsichtbarer Welten*, a. a. O., S. 27.

7 Ebd., S. 30.

8 Francesco Petrarca, *Die Besteigung des Mont Ventoux* [1336], übers. v. Kurt Steinmann, Stuttgart: Philipp Reclam jun. 2014, S. 21.

9 Friedrich Nietzsche, *Sämtliche Werke. Studienausgabe*, hrsg. v. Giorgio Colli u. Mazzino Montinari, Bd. 2, *Menschliches, Allzumenschliches I*, Drittes Hauptstück: Das religiöse Leben, Aph. 111, München: dtv 1999, S. 113.

10 Johann Wolfgang von Goethe, *Die Wahlverwandtschaften* [1809], *Hamburger Ausgabe in 14 Bänden*, Bd. 6, München: dtv 1982, S. 254.

11 Ebd., S. 254.

ANALOGON RATIONIS

Die Aufklärung des 18. Jahrhunderts oder das Zeitalter der Vernunft steht wieder unter Generalverdacht. Sie sei im Kern, so der Vorwurf, eurozentristisch und kolonialistisch, ihr Universalismus hätte nur als Deckmantel gedient «für die Interessen weißer Männer, die die Welt beherrschen wollten»[1]. Unwissen über die Aufklärung, so Susan Neiman (*1955), führe jedoch zu grotesken Verzerrungen und Karikaturen, obwohl wir die Werte der Aufklärung mehr denn je bräuchten, um gerade «über den eigenen Stamm hinauszudenken»[2]. Denn Aufklärung bedeutet kritische Reflexion. Ohne sie bliebe das Denken zirkulär und in sich gefangen. Eine wichtige Rolle spielt dabei die Ästhetik. Als *analogon rationis* oder als Wissenschaft von der sinnlichen Erkenntnis, die analog zu den rationalen Wissenschaften ist, öffnet sie die Reflexion über das begriffliche Denken hinaus auf den Gesamtzusammenhang aller sinnlichen Erfahrung.

KRITISCHER MASSSTAB Es ist nicht zu leugnen, aber der Architekturdiskurs hat eine kritische Linie überschritten. Man kann von einem Kippmoment ins Normative sprechen. Mit der Klimakrise gibt es eine neue Orthodoxie und einen neuen Fundamentalismus. Die Architektur entfernt sich weit von ihren aufklärerischen Wurzeln, wo unter dem Schlagwort Nachhaltigkeit mehr und mehr vorgeschrieben wird, was gedacht werden darf und was nicht. Dafür steht der Titel der *Biennale di Architettura di Venezia 2021: How will we live together?* oder *Wie werden wir in Zukunft zusammenleben?* – kein *Wollen*, kein *Sollten* als kritischer Maßstab.

Im Motto der Biennale zeigte sich ein neuer Präskriptivismus, es fällt die Architektur auf schon überwunden geglaubte, normative Positionen zurück. Eine kritische Zukunftsorientierung ergäbe sich aber allein durch ein *Sollten*: *Wie sollten wir in Zukunft leben?*, oder auch in der Erweiterung *Wie sollten wir in Zukunft leben, arbeiten, lieben?* Was die Möglichkeit einschließt, dass wir es so nicht tun werden, weil die Ereignisse absehbar ihre Vorhersage übertreffen.

Nach Theodor W. Adorno (1903–1969) krankt gerade die Moderne, in ihrer orthodoxen Verhärtung, «an der allzu schlichten Antithese»[3], also an der zu simplen Trennung von Rationalem und Irrationalem, Vernunft und Emotion, Funktion und Ornament. Es sind die Gegensätze wie das Notwendige und Überflüssige, das Zweckhafte und Zweckfreie oder das Rationale und Emotionale in den Dingen nicht kategorisch getrennt, vielmehr ineinander verschränkt.

NEUE TRADITIONEN In Erstarrung, wie das Kaninchen vor der Schlange, ist alles auf die Zukunft ausgerichtet. Verloren die Erkenntnis, die Edmund Husserl (1859–1938) in seinem *Krisis*-Aufsatz kritisch den Wissenschaftlern entgegengehalten hat. Dass wir nämlich «nicht nur geistiges Erbe haben, sondern auch durch und durch nichts anders als historisch-geistig Gewordene sind»[4]. Nach Norbert Elias (1897-1990) ist nicht nur die menschliche Gesellschaft, sondern auch der Mensch ein «Gewordenes und Werdendes»[5]. Mit Walter Benjamin (1892-1940) lässt sich feststellen, dass allem ein «historischer Index»[6] anhängt.

Auch dem Anthropozän. Die Klimaproblematik und die damit einhergehenden ethischen Fragestellungen stehen nicht außerhalb der Geschichte. Sie können nur in der «Gesamteinheit der Geschichte - unserer Geschichte»[7] betrachtet und gelöst werden. Hierbei kommt gerade der Ästhetik und, im Sinne der künstlerischen Avantgarde, dem radikal Ästhetischen eine besondere Rolle zu.

Darauf hat vor einiger Zeit Bazon Brock (*1936) hingewiesen. Avantgarde ist nur das, «was uns zwingt, unter dem Druck des nichts als Neuem die Konvention und Tradition neu zu bewerten»[8]. Avantgarde, die ästhetische wie die intellektuelle, löst die Geschichte aus ihrer Erstarrung und holt sie als Lebendiges in die Gegenwart zurück. Weiter heißt es bei Brock: «Avantgarde ist nur das, was uns veranlasst, die angeblich gesicherten Bestände der Tradition auf neue Weise zu sehen, d. h. neue Traditionen aufzubauen.»[9]

Traditionen wirken also nicht direkt, wie Brock formulierte, aus der Geschichte in die jeweiligen Gegenwarten hinein. Auch wirken in ihnen keine einfachen, linearen Kausalitäten. Die Avantgarden wirken dagegen in das Gefüge historischer Sachverhalte hinein, also in das, was man als gesicherte Bestände der Geschichte vermeintlich zu kennen glaubt. Denn allein zukunftsorientiert lassen sie im Alten das Neue erkennen, um dann von dort heraus über die Vermittlung der Gegenwart neue Traditionslinien in die Zukunft erkennbar werden zu lassen.

ANALOGON RATIONIS Ästhetik, gerade in ihren radikalen Ausformulierungen als Avantgarde, ist Medium und Träger von Erkenntnis und Bewusstsein. Erkenntnis ist aber nur dort, wie Adorno für die Moderne reklamiert hat, wo die ästhetischen Verfahren ins Extreme gehen, und nicht, wo diese vermitteln. Oder mit Manfredo Tafuri (1935–1994): «Eccesso è sempre portatore di conoscenze.»[10] – «Der Exzess ist immer Träger von Wissen.»

Es fehlt dem heutigen Bewusstsein die radikal ästhetische und daher kritische Seite. Alexander Gottlieb Baumgarten (1714–1762), Begründer der Ästhetik der Aufklärung, sprach von der Ästhetik als *ars analogi rationis* oder als zu den rationalen Wissenschaften analoge Kunst. Ästhetik ist einerseits Kunst, andererseits auch Erkenntnismedium oder Wissenschaft von der sinnlichen Erkenntnis. Es sind die Sinne die Tore zum Verstand, mithin zum kritischen Verstand und zur Vernunft.

Baumgarten sprach auch vom niederen Erkenntnisvermögen der Künste, im Gegensatz zur rationalen Erkenntnis, unabhängig davon, ob sie auf Begriffen oder Zahlen gegründet ist wie in Philosophie, Physik oder Mathematik. In Romanen, Symphonien oder Opern, Bildern, Theaterstücken oder Gebäuden, aber auch Cartoons oder Karikaturen ist die Erkenntnis an die Materie und ihre Verarbeitungsweisen als Medium gebunden und davon nicht ablösbar.

Moses Mendelssohn (1729-1786), der preußische Aufklärer, sprach daher von der «Einhelligkeit des Mannigfaltigen»[11]. Sinnliche Erkenntnis ist nicht anders als in «vermischten Empfindungen»[12] oder dynamischer Vorstellungstätigkeit möglich. Die Formen des Ästhetischen haben die Aufgabe, das Verborgene ins Offene zu bringen. Nur so, wo die Sinne die Grundlage sind für Erkenntnis, klärt die Ästhetik den Menschen über sich als sinnliches Wesen und seine Stellung in der Welt auf.

•••

Mit dem Furor gegen die Vergangenheit zeigt sich heute dagegen eine neue Hermetik des Denkens. Mit der Post-Aufklärung findet keine Öffnung des Denkens, sondern geradezu das Gegenteil, die Schließung der Freiräume, statt. Verantwortlich seien auch die Philosophen, so Neiman, die nur für ihresgleichen schrieben und die Aufgabe der Vermittlung scheuten. Darum aber geht es gerade *gleiters universum*. Nicht in falscher Vermittlung, sondern im Sinne der Brock'schen Verschränkung des Neuen mit dem Alten das Denken auf die Zukunft hin zu öffnen.

1 Susan Neiman, «Wo die Gerechtigkeit bedroht ist», in: *Frankfurter Allgemeine Zeitung* vom 31. Mai 2021.

2 Ebd.

3 Theodor W. Adorno, «Funktionalismus heute», in: Ders., *Gesammelte Schriften in 20 (23) Bänden,* Bd. 10.1, Darmstadt: Wissenschaftliche Buchgesellschaft 1998, S. 378.

4 Edmund Husserl, *Die Krisis der europäischen Wissenschaften und die transzendentale Phänomenologie. Eine Einleitung in die phänomenologische Philosophie* [1936], hrsg. v. Elisabeth Ströker, Hamburg: Felix Meiner 2012, S. 76.

5 Norbert Elias, «Über den Rückzug der Soziologen auf die Gegenwart», in: Ders., *Aufsätze und andere Schriften II*, Frankfurt/M.: Suhrkamp 2006, S. 393.

6 Walter Benjamin, *Das Passagen-Werk*, Bd. 1, Frankfurt/M.: Suhrkamp 1983, S. 577.

7 Edmund Husserl, *Die Krisis der europäischen Wissenschaften*, a. a. O., S. 77.

8 Bazon Brock, *Theoreme. Er lebte, liebte, lehrte und starb. Was hat er sich dabei gedacht?*, hrsg. v. Marina Sawall, Köln: Buchhandlung Walther König 2017, S. 6.

9 Bazon Brock, *Ästhetik gegen erzwungene Unmittelbarkeit. Die Gottsucherbande. Schriften 1978-1986*, hrsg. v. Nicola von Velsen, Köln: DuMont 1986, S. 106.

10 Manfredo Tafuri, «Les Bijoux indiscrets», in: *Five architects N.Y.,* hrsg. v. Manfredo Tafuri, Napoli: Officina edizioni 1981, S. 10.

11 Moses Mendelssohn zitiert nach: Heinz Paetzold, «Rhetorik-Kritik und Theorie der Künste in der philosophischen Ästhetik von Baumgarten bis Kant», in: *Kritische Theorie des Ornaments*, hrsg. v. Gérard Raulet u. a., Wien u. a.: Böhlau 1993, S. 33.

12 Ebd., S. 33.

Bisher erschienen sind:

Taschenbuch
2021
280 Seiten

ISBN 978-3-9823146-0-0

Preis: 15 Euro

BAND 1

Benjamins Phantasmagorie. Wahrnehmung am Leitfaden der Technik
von Christine Blättler

Das Wort Phantasmagorie ruft Übersinnliches und Unheimliches hervor. Doch zuerst war es der Name für neuartige Inszenierungen der Laterna magica, die mit ihren ‹lebenden› Bildern die Sinne reizten. Als Kapitel aus der Vorgeschichte des Kinos wirft die Phantasmagorie bis heute Fragen nach dem Zusammenhang von Wahrnehmung und Technik, Imagination und Wissen auf. Das Buch erkundet diese Fragen im Gespräch mit Walter Benjamins Spätwerk.

Taschenbuch
2023
180 Seiten

Mit 24 Fotografien von Sara Toussaint

ISBN 978-3-9823146-1-7

Preis: 15 Euro

BAND 2

gleiters universum. architektur
von Jörg H. Gleiter

Architektur ist uns zweite Natur, sie umgibt uns und umhüllt uns. Ohne sie könnten wir unser Leben nicht leben. Und doch wissen wir wenig über sie, im Alltag nehmen wir sie nur beiläufig und unbewusst wahr. Architektur ist aber aufregend vielfältig und keineswegs nur funktional. Vor allem gibt sie uns die Freiheit, dass wir wir selbst sein können. In vierundzwanzig Essays gibt Jörg H. Gleiter Einblick in die kaleidoskopartige Welt der Architektur.

Die Bücher der Reihe DEJAVU Theorie beschäftigen sich auf theoretischer Ebene mit der Bildwahrnehmung. Sie sind hochwertig in Ausstattung und Haptik.

Bestellungen über den Buchandel oder direkt über www.dejavu-gesellschaft.org